万能的大叔 ×36 氪，
联手推出 11 讲音频课程
大叔真人献声，扫码查阅更多

十大案例复盘让刷屏即学即用

设计师：跳跳

刷屏

霍世杰（万能的大叔） 著

机械工业出版社
CHINA MACHINE PRESS

图书在版编目（CIP）数据

刷屏 / 霍世杰著 . —北京：机械工业出版社，2018.11（2019.4重印）
ISBN 978-7-111-61172-1

Ⅰ . ①刷… Ⅱ . ①霍… Ⅲ . ①品牌营销 Ⅳ . ① F713.3

中国版本图书馆 CIP 数据核字（2018）第 239639 号

机械工业出版社（北京市百万庄大街 22 号 邮政编码 100037）
策划编辑：胡嘉兴 责任编辑：胡嘉兴
责任印制：张　博 责任校对：李　伟
三河市宏达印刷有限公司印刷
2019 年 4 月第 1 版第 3 次印刷
170mm×242mm・14.5 印张・1 插页・196 千字
标准书号：ISBN 978-7-111-61172-1
定价：59.00 元

凡购本书，如有缺页、倒页、脱页，由本社发行部调换
电话服务　　　　　　　　　　　　网络服务
服务咨询热线：010-88361066　　　机 工 官 网：www.cmpbook.com
读者购书热线：010-68326294　　　机 工 官 博：weibo.com/cmp1952
　　　　　　　010-88379203　　　金　书　网：www.golden-book.com
封面无防伪标均为盗版　　　　　　教育服务网：www.cmpedu.com

推 荐 序

"屏读时代"的公关巨变

初识"万能的大叔"霍世杰，是看到了他的微信公众号文章。之后，我去北京找他，邀请他来深圳加入我们的团队，任职集团的公关总监。这几年来，人称"大叔"的霍世杰，在工作上绩效卓著，带领着团队策划出了很多杰出的案例，与他一起工作是我的荣幸。他的第一本著作《刷屏》，亦是他百战归来，以丰富的工作经历为创作源泉，并鸟瞰中国公关行业，奉献给大家的一本佳作。

媒体在过去若干年发生了天翻地覆的变化，这是我们每一位营销、公关从业者所必须面对的事实。尤其是自2010年以来，全屏智能手机行业的兴盛，对于手机屏幕阅读人群的争夺，成了公关尤其是社会化营销的热点。这亦是凯文·凯利所言"屏读时代"的一个验证。

"屏"的内容表现和纸质媒体时代或电视媒体时代有巨大不同，纸质媒体时代，以文本内容和平面视觉呈现效果为主；而电视媒体时代，则侧重于影像和声音的呈现。智能手机的表现形式不仅包括了以上所有，更因16∶9屏幕、18∶9屏幕和19∶9屏幕尺寸的兴起，以及其便携性的极大提高，"屏"中的内容也发生了天翻地覆的变化。人们现在已经习惯于屏读——尤其是手机屏幕阅读，尽管很多人还在怀念纸质读物的时代，但这种趋势是不可逆的。

然而屏读也改变了内容本身。消费者接触到大量的信息，对单一内容的关注度和停留时间都大大减少了。纸质媒体和电视媒体时代的热点、公关大战往往持续很久，但在屏读时代，这种热点持续的时间大有缩短的趋势，有时候一个热点甚至只能持续一个早上的时间。

公关行业也因此发生了巨变，写文章依然是公关从业者的基本功，但仅有这点技能已经远远不够，现代公关需要的技能包罗万象，更像是以前广告创意公司加上公关公司业务的总和，这可能还不够。这个时代需要从业者不断地学习，并厘清纷杂变化背后的趋势与逻辑。而"万能的大叔"霍世杰，正是在这样时代背景下的一位不断刻苦钻研，并不断创新的专业公关人士。

霍世杰所带领的公关团队，曾经获得过集团"年度杰出团队奖"，这个奖的背后，是他和他的团队持续的艰苦付出。我们集团半年甚至更短的时间就会举办一次手机新品的发布会，每到发布会开始前的一段时间，他和他的团队就会没日没夜地工作，从创意到发布会的实施，甚至于每一个话筒是否正常，每一盏灯的亮度是否合适，他们执着于每一个工作细节，力求做到完美的呈现。在过去的几年，他们在几万人的体育馆，在卫视的直播间，甚至在工业园的羽毛球馆，都成功地举办了一个个创意卓越、细节完美的发布会。当然，他们也做过很多"云端"的发布会。

有几件事情，如果不是霍世杰的坚持，可能就会"流产"。一是 2016 年 AlphaGo 和李世石九段比赛期间，霍世杰积极建议签下围棋棋手柯洁，为日后的第二次人机大战埋下伏笔，具有业余 5 段围棋水平的我，当时也很犹豫，担心是否能赢下这一个赌注，但在霍世杰的坚持下，我们还是以最快的速度，在人机大战最后一局结束前，签下柯洁。一年多以后，AlphaGo 和柯洁的比赛如期举行，霍世杰团队拍摄的以柯洁成长背景为蓝本的《坚持，是最好的答案》视频广受业界好评。还有一次，是他们以更快的速度签下创下收视率纪录的电视剧《人民的名义》的主演吴刚老师，那次，霍世杰半夜发来微信，对我说应该签下吴刚老师来为我们代言，为我们新上市的安全手机造势。最终，我们不仅抢在友商之前签下了吴刚老师，还在《人民的名义》结束前，拍摄了新手机的宣传视频《安全的名义》，这个视频的编剧也是霍世杰。

往事历历在目，这样的事情还有很多。正是因为智能手机行业高速变化、高度竞争的大环境，造就了霍世杰这样的人，他对行业有着独到的见解和建树。

在这里要透露一个小秘密，"万能的大叔"其实并非是大叔，而是30刚出头的年轻人。他不到30岁就担任了集团的公关总监，撑起了这个拥有几百亿元规模公司的公关大旗。几年过去了，他依然年轻，他的才能也并不局限于社会化营销或是公关业务，在未来，霍世杰一定会在品牌营销行业有更大的建树。

BrainCo 公司 COO、金瞳奖 2018 年度 CMO、财经作家　俞雷

2018 年 6 月 12 日写于瑞士日内瓦湖畔

前　　言

凭什么刷屏的总是别人？

"达康式害羞、达康式强忍泪水、达康式冷漠，还有高兴到只剩下双眼皮"……电视剧《人民的名义》里吴刚老师扮演的达康书记，一夜之间"表情包满天飞"，成了2017年最热门的IP。你肯定也参与了达康书记"表情包"的刷屏吧，而我则有幸成为达康书记扮演者吴刚老师的第一个商业化传播案的全程策划者。

微信在2012年5月24日，上线了一个叫"朋友圈"的新功能。在那天之后，随着移动社交网络时代的崛起，传统的传播方式被颠覆。

现在，只要你有一部智能手机，安装了微信，几乎每天都会拿着手机刷屏，刷微信群和朋友圈，你也肯定在朋友圈做过这两件事：参与刷屏，被刷屏。

刷屏，仿佛已经成了人们日常生活中的一部分。但仔细琢磨刷屏这件事，不管你是人民大众，还是甲方或者乙方公司的公关、市场、营销、品牌、新媒体负责人或者相关从业者，甚至是企业的负责人，你都可能会思考以下三个问题：

1. 为什么这个截屏（或视频）能刷爆朋友圈？

2. 为什么别人做个H5或者微信小程序就能引发刷屏，而我却不行？

3. 到底怎么做才能让10亿月活跃的微信用户成为我的免费流量？

刷屏真的只是一种感觉吗？刷屏的套路是什么？如果你被各类信息刷过

屏，并参与过刷屏，又想实现刷屏效果，这本书会给你一套系统的刷屏方法论。

1. 大叔是谁？

我是霍世杰，江湖人称"万能的大叔"，或者你可以直接叫我"大叔"。大叔曾做过6年网络媒体工作，后来从网络媒体转型做公关，又在甲方公司待了6年。同时，运营自媒体和社群的时间有4年。

作为公关从业者，大叔先后就职于凡客、腾讯、世纪佳缘、京东和金立等公司，曾任金立集团公关总监，全面负责集团的公关事务，并亲自操盘了达康书记第一次社会化商业传播的刷屏案例，3天内视频播放量近千万次。

作为自媒体人，大叔也是刷屏的参与者。大叔有两篇"10万+"文章，分别帮助百雀羚和抖音实现了微信朋友圈刷屏，大叔还是超级课程表CEO余佳文刷爆朋友圈的"幕后推手"，单篇微信文章在3天的阅读量超过270万次，被"人民日报"微信公众号转发。

2. 我为什么要研究"刷屏"？

从2013年开始，我做"万能的大叔"这个自媒体，至今已有4年多时间了，大叔把近5年对公关和媒体行业发生巨变的所有观察，都更新在了这个自媒体上。

5年的时间，撰写近千篇文章，大叔基本上做到了在第一时间对热点公关事件进行解读和分析。可能从当时来看，大叔的分析很"解渴"，不仅拥有了20万的自媒体订阅用户，而且所产出的一些观点更是通过36氪、虎嗅、今日头条和腾讯等平台不断扩散，同时得到了业内的认可。

但大叔一直有个小遗憾：散落在每篇文章里的"珠子"其实有一条暗线，但始终没串起来，现在来看，这条线就是"刷屏"。

大叔认为，刷屏不只是撬动免费且巨大的社交流量的唯一手段，更是品牌赢得用户口碑和认同的第一窗口，制造认同感是公关的核心价值，而刷屏对于品牌来说，就是在移动社交时代获取用户心智的终极目标。反之亦然，负面刷屏最伤害的也是品牌，甚至可以让一个上百亿元市值的企业从此消失。

过去几年，大叔和各位一起见证了很多刷屏案例，不少品牌通过刷屏极大地提升了自身的美誉度，比如网易；当然也有品牌因为负面事件的刷屏遭受到危机。我们几乎每天都在拿着手机刷屏，但至今没有人认真研究一下"刷屏"这件事，大家还都把"刷屏"简单地理解为是一种个人感觉或者自嗨式传播。

到底怎么做才能刷屏？为何别人家的品牌营销案例又刷屏了而我的却不能？用户凭什么要分享你的内容？难道100个刷屏案例里就没有什么共性特点吗？……大叔除了自己总结了一套完整的刷屏方法论，还与2017至2018上半年真正刷屏的10个案例的品牌负责人进行了一对一的对话，第一次集中呈现这些刷屏案例的秘诀，很多品牌还是首次对外分享。

看完这本书，希望你可以学会刷屏这门手艺。

3. 你为什么要学"刷屏"？

大叔在2016年就曾做出一个判断：以百度指数为核心的传统公关评价体系在崩塌。一个残酷的现实是："传统媒体发稿＋百度收录"的这种传播模式，已经被颠覆。用户把更多的时间都放在了社交媒体，很多用户已经习惯在微信群和微信朋友圈看新闻。

微信真的是一个超级APP，日登录用户超过9亿人，日发送消息次数380亿……它不仅将信息传递的速度从声速提到了光速，更将信息扩散的威力从手榴弹级别升级到了原子弹级别，因为人人都变成了媒介，上亿人可以同时进行传播，这种脉冲式的叠加效应，可以瞬间引爆信息。

大叔及其团队分析了近100个刷屏的案例后发现，这些热点爆发的时间均在 12 个小时之内，也就是所谓的"一夜刷屏"。除了朋友圈，再也没有一个平台可以实现这样的传播威力。

因此，不管你是在甲方公司还是乙方公司，不管你负责的是公关、市场、营销、品牌还是新媒体工作，不管你是总监还是 CMO（首席营销官）、CGO（首席增长官）甚至是 CEO（首席执行官），大叔都认为你必须要占领朋友圈，学会刷屏这门手艺，因为：

（1）刷屏是撬动巨大且免费的社交流量的唯一手段，这与通过"砸钱"投广告的方式来获取曝光量和流量的模式是完全不同的逻辑。

（2）刷屏不仅能帮助品牌获取流量，还是品牌赢取用户口碑和心智的最佳方式，主动分享行为是对品牌的认可，这是广告所做不到的。

（3）刷屏不是创意策划经理的事，更不是公关总监的事，刷屏的第一负责人是 CEO，"第二负责人"是产品。

本书的使命就是：帮助读者分析刷屏、学习刷屏、实现刷屏。

自　序

2018年11月21日，意大利奢侈品牌杜嘉班纳（D&G）因为其创始人的不当言论，陷入一场前所未有的危机刷屏中，而品牌原本的计划是进行一场正面刷屏，当晚，该品牌准备在上海举行"The Great Show"，邀请了众多国内明星，也购买了很多国内社交媒体的推广资源。

这是一个典型的跨国营销"事故"，跨国企业拥有所谓"跨国的文化、跨国的社交媒体、跨国的营销传播"，但是，由于对中国本土社交网络的传播规律缺乏了解，又对中国网络舆情的认识严重不足，付出了惨重的代价。虽然其创始人后来出面道歉，却无法让中国民众感受到真诚，何谈被原谅呢？

过去几年，有两本书对我理解和研究新媒体时代的传播有很大帮助，分别是《疯传：让你的产品、思想、行为像病毒一样入侵》和《引爆点：如何引发流行》。但读完国外的新媒体传播类或营销类书籍之后，大叔始终被两个"洋问题"困扰：

第一个问题是平台和案例的问题。两本书里提到的社交平台都来自国外且案例的内容有些陈旧，虽然说国外与中国的很多社交平台"形"似，但在营销具体实践上却大为不同。

第二个问题是英文翻译的问题。两本书中介绍的某些核心的理论，由于翻译的问题，有些让人很难理解，就像吃一碗夹生的米饭。原本理论的学习是可以结合使用环境和应用案例来进行消化和吸收的，但又因为第一个问题的存在，这碗"米饭"还是很难煮熟。

还有一个有意思的背景是：《疯传》的作者乔纳·伯杰其实是《引爆点》一书的读者，他看完书后，受到了很多启发，于是结合自己在沃顿商学院开设的市场营销课程，撰写了《疯传》。

基于以上三点，我就在思考：是否可以站在两位巨人的肩膀之上，以中国最大的移动社交平台——微信为聚焦点，把近两年最新的、经典的、真正在微信朋友圈刷屏的营销案例，进行一次系统地梳理，并总结出一套适用于中国本土的新媒体营销理论，能对中国的营销从业者有些新的启发。

这也是我撰写本书的初衷。

当我去研究"刷屏"这个命题时，出发点不是理论本身，而是会从一些现象入手。在工作中，我们将其称之为案例，书中所研究的案例都是精挑细选的，大多发生在2017-2018年，与时代特点相契合且具有代表性。

通过对细微的现象研究，我发现有些现象红极一时，却快速消逝，有些现象虽快速消逝，却能频繁刷屏；有些现象级的案例，只是现象而已，而有些非现象级的案例，却有能频繁刷屏的特质。结合中国当下的环境和我的实践经验甚至是教训，我在书中提出了刷屏的"267543"模型。

- 刷屏的2个内核：圈层、人性。

- 刷屏的6个套路：技术刷屏、产品刷屏、素材刷屏、情绪刷屏、要事刷屏、热点刷屏。

- 用户参与刷屏的7个动力：优越感、认同感、趋利性、好奇心、仪式感、话题点、参与感。

- 刷屏的5个底层传播逻辑：无图无真相、一夜保鲜期、剧情反转、情绪管理真相、小黑屋规则。

- 刷屏的4个热启动推广法：种子用户、连接者、自媒体大号、微信社群。

- 刷屏的 3 个监测工具：热点监测、数据监测、分享监测。

这套刷屏模型已经应用在我的实际工作中，是切实可行的，我也将其分享给了京东和宝洁等公司的整个营销体系中的人，让我欣喜的是，他们已经在实践了。而来自 36 氪平台以创业者居多的专栏读者和北大汇丰 EMBA 的企业管理者校友们，也都给了我很多不错的反馈。

当然，对于本书的内容，你不一定要全部接受，完全可以根据本书的内容主旨，创造性地制订出属于自己的方法论。

你看，从《引爆点》一书中介绍的"流行三法则"到《疯传》一书中介绍的"感染力六原则"，再到《刷屏》这本书中提出的"267543"刷屏模型，在移动社媒时代，关于"传播"的知识在不断地迭代、更新，而我则有幸站在了两位巨人的肩膀上。

在这个信息加速度刷新的时代，刷屏重新定义了人与传播之间的关系，它也成为获取用户关注的新入口，希望你看完这本书之后能够有所收获。

霍世杰

2018 年 12 月 10 日写于深圳

目　录

推荐序　"屏读时代"的公关巨变
前言　凭什么刷屏的总是别人？
自序

第1章　注意力极度稀缺时代的新传播逻辑 …… 001
1.1　定义刷屏：一夜之间击穿一个圈层的传播力 // 002
1.2　公关和广告谁第一不重要，能刷屏最重要 // 007
1.3　刷屏，击穿信息茧房与信息黑洞的唯一手段 // 011
1.4　企业塑造品牌，就必须要出现在用户的朋友圈 // 014
1.5　刷屏误区：百雀羚刷屏了，为什么没有卖断货 // 018
1.6　明确刷屏的商业目标和实践路径 // 023

第2章　刷屏的2个内核 …… 027
2.1　圈层：你要选择引爆哪个圈层 // 028
2.2　人性：这个洞察能产生共鸣吗 // 031

第3章　刷屏的6个套路 …… 034
3.1　技术刷屏：拥有创新的传播技术，就能离刷屏更进一步 // 035
3.2　产品刷屏：将最后一分钱花在产品上，而非公关上 // 039
3.3　素材刷屏：刷屏并不需要大喇叭，用温柔的嗓音娓娓道来就行 // 044
3.4　情绪刷屏：高强度的情绪具有传染性 // 048
3.5　要事刷屏：借可预见的重要事件和节点实现刷屏 // 054
3.6　热点刷屏：热点稍纵即逝，借势快比好更重要 // 057

第4章　用户参与刷屏的7个动力 …… 066
4.1　优越感：你能帮用户维护他的朋友圈"人设"吗 // 067
4.2　认同感：你能激发用户的共鸣情绪吗 // 071
4.3　趋利性：分享这个内容，用户能得到什么好处 // 074
4.4　好奇心：你的标题能吸引用户点开吗 // 079

4.5　仪式感：你能制造一个用户愿意分享的场景吗 // 081
4.6　吐槽点：你能让用户自发地在社交媒体上讨论你吗 // 085
4.7　参与感：你能给用户开放一个参与节点吗 // 092

第5章　刷屏的5个底层传播逻辑　096
5.1　无图无真相：截屏是朋友圈刷屏的最佳素材 // 097
5.2　一夜保鲜期：信息传递提速让用户注意力变得更加稀缺 // 100
5.3　剧情反转：故事线越偏离，刷屏的概率就越高 // 104
5.4　情绪管理真相：所有刷屏一定都带有某种情绪 // 107
5.5　小黑屋规则：分享链路、外链管理和阈值是微信传播的三大谜团 // 113

第6章　刷屏的4个热启动推广法　119
6.1　种子用户：寻找圈层最初的参与者 // 120
6.2　连接者：找到跨圈层的合格连接者，就相当于找到了跨圈层传播的关键所在 // 124
6.3　自媒体大号：策略匹配才能刷屏 // 126
6.4　微信社群：提升规模感，对抗刷屏的不确定性 // 129

第7章　刷屏的3个监测工具　131
7.1　热点监测：与大众形成"命运共同体" // 132
7.2　数据监测：识别数据造假是基本功 // 135
7.3　分享监测：比点击数更重要的是分享 // 138

第8章　刷屏模型"267543"实操案例：达康书记《安全的名义》　140

第9章　独家对话十大全民级品牌刷屏案例操盘手　147
9.1　网易 // 148
9.2　喜茶 // 152
9.3　新世相 // 160
9.4　999感冒灵 // 165
9.5　百雀羚 // 175
9.6　腾讯公益 // 180
9.7　京东金融 // 184
9.8　招商银行信用卡 // 188
9.9　三联生活周刊 // 195
9.10　ofo小黄车 // 200

后记　205

第1章

注意力极度稀缺时代的新传播逻辑

> 刷屏是一种现象，是一次次巨大的信息碰撞。可以说，刷屏重新定义了媒体与传播、广告与公关。刷屏到底是什么？怎样才能形成刷屏？刷屏到底能带来什么？这些问题，值得我们反复推敲。

1.1 定义刷屏：一夜之间击穿一个圈层的传播力

2018年11月3日下午开始，"iG夺冠"开始在微信朋友圈（以下简称：朋友圈）刷屏。在微博热搜榜中前15名的话题，只有3个话题与"iG夺冠"无关，而在抖音热搜榜中前8名的话题，有6个话题是与"iG夺冠"相关。据说很多高校的宿管阿姨和朋友圈里的中年人都懵了。原来，"iG"其实是英雄联盟LPL联赛的一个职业战队，当天，他们拿到了冠军，这是中国战队冲击了7年之后的首次夺冠，而iG在此前并不被看好。

2018年7月6日，电影《我不是药神》上映。凭借着泛人文关怀的切入点和过硬的拍摄剪辑质量，这个豆瓣评分9.0的绝对高分作品在各大网站、社区、平台、线下、自媒体、甚至是朋友圈、微信群中被一遍又一遍地提起、被一遍又一遍讨论着。经常是打开一个微信公众号，就能看到电影的剧照；打开一个社区，就能看到与电影相关的字眼；跟身边的人聊天，话题都是："你看那个电影了吗？""看了，不就是《我不是药神》嘛！"

无论是iG夺冠、电影《我不是药神》，无一不在网上产出了海量的相关内容，从各行各业到各式平台，所到之处，目光所及的地方都是事件的影子。而我们通过手机、电脑、电视的屏幕看到这些内容的现象，可以用一个词概括，那就是——刷屏。

2018年的1月10号和21日，腾讯新闻在其微信每日推送的新闻头条标题上，两次使用了"刷屏"这个词，而新浪新闻APP甚至专门开设了一个栏目叫做"刷屏"，汇总每天的热门新闻。大叔发现，不管是传统媒体，还是新媒体，都特别喜欢用"刷屏"来形容一个现象或事件的火爆。那么问题来了，到底怎么样才算刷屏？从来没有人给出一个明确的定义，比如你公司的同事集中转发了一条公司新闻到朋友圈，算刷屏吗？

"刷屏"最早起源于网络聊天室，表现形式是不断地重复发送相同或不同的文字或者符号，连续发出的信息覆盖当前整个屏幕，严重影响了正常聊天秩序。这种刷屏是视觉上的刷屏，就是霸占你的屏幕，不讲任何道理。

随着移动社交的发展，刷屏不再局限于一个简单的窗口，大叔就从平台、时间、程度、数据四个维度，给刷屏下一个定义：

1. 平台

相对外部的网络平台来说，刷屏大多发生在微信朋友圈中。

2. 时间

刷屏一般不超过 24 小时，更多的是在 12 个小时内吸引大量的人群参与转发和关注。

3. 程度

微信的圈层效应更强，在微信生态中传播的信息会按照圈层化进行传播，而刷屏就是要击穿这些圈层。从这个角度加以区分，可将刷屏分为以下三种：圈层刷屏、跨圈层刷屏和全民刷屏。

（1）圈层刷屏

这是指在一个圈子里刷屏，圈子泛指行业、职业、爱好和年龄等，但同时又需要兼顾地域和细分领域。比如公关圈，泛指全国从事公关行业的人，但其实这个圈层是由很多二级圈层组成的，比如从上海本地公关圈到上海本地金融行业公关圈。

（2）跨圈层刷屏

顾名思义，在至少两个或两个以上的多个圈层刷屏。比如携程亲子园事件就从妈妈圈跨到了教育圈、互联网圈。但这里需要说明的是，跨圈层并不是说一定是在一个圈层刷屏后，再在另一个圈层刷屏，而是信息被瞬间引爆，多个圈层同时且快速地传递着消息。

（3）全民刷屏

当某些事件击穿了以上所有关系后，即"全民刷屏"。需要注意的是，"全民刷屏"指的是一种理想状态，不是真正的"全民"，而是无限接近于"全民"。

4. 数据

任何刷屏都需要有数据支撑，比如传播素材的 PV（浏览量）、UV（访客数）和 VV（播放数），但如果是一个截屏或小视频这种无法统计点击量和播放量的素材，可以参考与事件相关的核心关键词在搜索平台搜索量的拉动力，比如微信指数、微指数（微博）、百度指数、头条指数。其中，微信指数是最关键的数据指标。此外，还可以参考媒体的报道数量和关注度，也可以对圈层进行抽样调查，比如针对目标圈层用户的问卷调查。

现在大家可以做一个练习：不管你的微信好友有多少人，思考一下，你的微信有几类关系？（停留30秒，再往下看）

不管大家思考的结果如何，大叔先总结了一下，你的微信好友，可能有以下五层关系：

（1）亲戚关系

除与自己有血亲和姻亲关系的人外，也包含邻居等地域带来的关系，这是一个最精悍的圈层，人数可能不多，但关系很紧密。不过由于年龄代沟等问题，往往小辈和长辈的朋友圈完全会是两个世界。所以，这个圈层实际上不存在，有一个家庭群就能实现信息传递。

（2）同学关系

按照受教育阶段分为大学前、大学时和工作后。大学前的同学基本是同一地域同一年龄层的一群人，大家低头不见抬头见，所以圈层意识比较松散，往往一个同学群就能实现信息传递。

大学同学和工作后的同学，比如 MBA 或者在职研究生等，这个群体基本以专业和地域为主，比如金融、媒体、IT等行业，当然还有不同专业的校友，这时候的圈层意识要比大学前强了不少，同时这个圈层往往也是我们今后交往最多的同学圈层。

（3）工作关系

每个行业，都有同事、前同事、同行、客户和合作伙伴等关系。如果你的工作经历跨了多个行业，就等于同时跨了多个圈层，比如你在房地产开发商、互联网公司和银行都工作过，那你就同时处在地产圈、互联网圈和银行圈等多个圈层。

（4）同好关系

兴趣爱好往往是最快凝聚人气的法宝。健身达人们通常有"健身圈"，游戏高手们通常有"电竞圈"，电影爱好者通常有"电影圈"……这类圈层往往受地域、年龄、专业等客观因素的限制较小，只要你也喜欢，我们就能成为朋友，是非常自由且多元的圈层。

（5）以上4类关系的延伸

人际关系就像是一张网，我们每个人都是网上的点，当你连接了一个点时，相应地也连接了这个点所能连接的其他点，比如同学的伴侣、同事的家人等。

微信好友的分类基本就代表了你在现实社会的关系以及分类，也就是所谓的"社交人生"。因此，圈层最重要的两个维度是地域和专业。虽然微信连接了一切，但地缘关系实际上是天然存在的，这点特别重要。

对于传播而言，首要目标就是先在一个圈层里实现刷屏，这个圈层描述得越明确，信息传递就越顺畅。前提是圈层本身就真实存在，而不是伪圈层，伪圈层会让信息价值在传递时不停被损耗。

信息在试图击穿一个圈层的同时，会把传播素材进行跨圈层的传播，信息的裂变性越强，跨圈层用户参与得越多，实现跨圈层传播的可能性就越大。最终，就有可能实现全民刷屏的终极目标。

在2018年5月5日，有一篇题为《腾讯没有梦想》的文章刷屏了，文中大肆抨击腾讯目前的经营理念。5月6日凌晨，疑似马化腾回应此事的微信截屏开始流出，但在5月6日晚上9点左右，截屏被证实为造假。短短两天，经历一波剧情反转，大叔本以为这件事会对腾讯造成非常大的负面影响，然而实际情况呢？虽然这篇文章的阅读量接近100万次，但从微信指数来看，"腾讯""梦想"和"马化腾"几个关键词的拉动力一般，相反，该文作者的微信指数上涨了近5 700倍。所以，是写这篇文章的作者火了，但这个话题还只是在互联网圈刷屏了。

由于没有明确的定义，大叔发现，很多人对刷屏这种移动社交时代特有的传播现象是有误解的，或者说没有一个统一的价值认知。大叔认为，刷屏至少有三个价值：

（1）刷屏不单指一种个人的感受，同时也是品牌获取免费且巨大移动社交流量的唯一手段，是品牌赢取用户口碑和提升美誉度的最佳方式，反之亦然。

（2）刷屏不是一个单纯的传播结果，而是一种可以使某个素材在微信传播生态里瞬间击穿至少一个圈层的能力。

（3）刷屏不是一种传播的偶然现象（虽然确实有运气的成分存在，其实任何事都是如此，所谓"天时地利人和"），刷屏是移动社媒时代特有的、可被复制的方法论。

可以说，刷屏是一把新时代的武器，在互联网这个没有硝烟的战场上所向披靡，制造刷屏更像是制造胜利。一夜之间击穿一个圈层不再是天方夜谭，刷屏让这些成为可能。

回忆一下过去1年内的刷屏案例，你认为哪些案例属于圈层刷屏？哪些属于跨圈层刷屏或全民刷屏？为什么？
搜索"万能的大叔"微信公众号，欢迎你关注并回复"大卖"加我的个人微信，大叔愿意回答你一个有关公关的问题。

1.2 公关和广告谁第一不重要，能刷屏最重要

2002年，美国当代营销大师、《定位》作者之一阿尔·里斯和其女儿合著了一本书，名叫《公关第一，广告第二》，其核心观点是：公共关系塑造品牌，广告的作用在于维护品牌。所以，公关第一，广告第二。十多年过去了，在以微信为核心的移动互联时代，公关和广告的排序和关系有没有改变？

大叔读这本书的时候，大概是在2012年左右，当时，大叔刚结束6年多的网络媒体工作生涯，转型入职凡客诚品，成为一名PR（Public Relation，公共关系活动）。虽然做媒体时几乎天天接触PR，但却没有人告诉大叔到底应该怎么做PR，而大叔读完这本书犹如醍醐灌顶。

其实，在"凡客诚品"的"凡客体"风靡一时后，大叔就提出了"广告公关化"的概念。朋友圈广告于2015年1月推出之后，这个趋势更加明显。原因何在？

因为在朋友圈投放的广告更强调话题性和社交属性，它出现的地方是在朋友圈，与你的亲朋好友或者同事、同行发的动态一起"抢夺"你的关注度，如果只是把传统的电视广告或视频网站的贴片广告的显现内容复制过来，效果一定不会好。

比如中国营销大师史玉柱老师的经典作品脑白金广告，如将"今年过节不收礼"的广告词在朋友圈重复5遍，估计会让用户脑壳痛。当然，被所有人诟病也是一种巨大的力量，是刷屏的原动力之一。但在这个案例中，没有共鸣和讨论地诟病，无法实现二次传播和叠加效应。

万事都有例外，比如"格力一姐"董明珠。

2015年，董明珠以第一人称的身份，代表格力公司出现在朋友圈（图1-1），"让世界爱上中国造"。这是一条特别正能量和中规中矩的广告，却在

朋友圈刷屏了，并且评论量惊人。大叔曾经与微信营销团队的人交流过，董明珠的这条广告的互动量可以排在所有朋友圈广告的前三位，原因何在？

图1-1 格力电器《让世界爱上中国造》朋友圈广告

在此之前，董明珠已经通过公关的方式成为一个IP，再加上当时有一个流传非常广的说法："格力手机里预存了董明珠的照片，共有99张，且无法删除"，董明珠和格力官方似乎默许了这个"谣言"。于是，当董明珠出现在朋友圈后，所有人都乐此不疲地对此进行一番调侃。随着讨论量的攀升，董明珠也在朋友圈形成了刷屏。虽然董明珠的朋友圈广告是传统意义上的硬广，但其实是公关团队在外围的提前炒作起到了关键性的作用。

如果说广告就是为了达到最大曝光的效果，那么公关则是为了话题和事件营销。但成功的广告，几乎都把公关的活儿给干了，成功的公关亦如此。所以公关和广告的边界越来越模糊，所有品牌都希望用户会喜欢、记住并讨论自己的广告，这就是广告的公关化趋势。

大叔再举两个例子，来说明"广告公关化"的趋势。

招商银行信用卡的"番茄炒蛋"案例出现在2017年11月，被认为是2017年最具争议性的一条广告。虽然这条广告首发是在朋友圈的广告位，但它其实并不能被看作是传统意义上的"广告",因为其90%的内容围绕的是"番茄炒蛋",而不是信用卡的某个功能,但它却刷屏了。

大家纷纷转发的原因除了感动以外,更多的是对海外留学生活的争论,还有对"离不开父母的孩子"这种社会现象的争论,甚至是对品牌缺乏关联性的争论,所有的争论点都成为这条视频二次传播的免费渠道,从而使它击穿了社交媒体圈层并不断扩散。无数的案例都验证了这一点,所谓"无争议不传播",这是互联网文化的基因,也是"广告公关化"的必修课。

由此,大叔发现了有关"广告公关化"的两个现象:

一是很多传统4A广告公司的创意总监都出来创业了,专注于新媒体和社会化传播,利用传统客户弃用的或者专门用来去海外广告节拿奖的创意,很顺利地开拓了不少新客户,尤其是互联网品牌用户。

二是不少甲方公司的公关业务从过去特别倚重媒体关系和发稿,到现在已经把至少一半的精力放在社会化传播上了,公关的价值基本变成了两大块:发稿和病毒传播,重点是病毒传播。

为什么会出现以上两种变化呢?因为传统的广告渠道可能只剩下了电视(不包括节目植入)和户外媒体。而移动互联网广告早就全面原生内容化,尤其是社交媒体,比如你在微博上购买热门话题,或者在朋友圈投放广告,其实你是在和其他热门话题以及朋友发到朋友圈的美食照片之间在抢夺用户的关注度,如果这个广告太生硬,显然是在浪费广告费用,所以必须做好。

大叔认为,企业在新媒体端投放的视频,一定要先引起关注和讨论,这是首要任务,也是刷屏的基础。至于刷屏之后的流量是否能转换,大叔觉得现在的网友都无比聪明,企业完全不需要去考虑关联度的问题。

所以,"番茄炒蛋"就是"广告公关化"的一个典型案例。无独有偶,别克品牌在2017年10月为其新车GL6推出了一个视频,它分别剪辑了多个版本,同时在电视、电影上映前贴片和朋友圈等渠道投放(图1-2)。

图 1-2 别克《缺席》朋友圈广告

广告讲述了一个在中国家庭非常普遍的现象：一个祖孙三代的家庭，爸爸妈妈因为工作的原因，把孩子交给退休后的爷爷奶奶（或外公外婆）照顾，每天下班后才接孩子回家，到了周末，爸妈会专门抽出时间来陪伴孩子，采取最多的方式就是带孩子出游，但爷爷奶奶（外公外婆）却只能通过儿子更新的朋友圈来获取孙子的动态。

广告中，旁白和画面都有很浓的情感色彩，也引用了三组第三方机构的数据：41.1%以上的家庭由祖父母代管第三代；旅游时三代一起出行仅占19.4%；50~70岁的老人中81.9%反映出行困难。最后的落版话题为：幸福，不再缺席。整个广告中，别克GL6只展现了一个卖点：6座！

在投放朋友圈广告时，别克GL6将朋友圈广告的文案与视频中的剧情完美地进行了结合，广告画面中有一处：奶奶翻着手机，看到了儿孙的照片，就和老伴说："儿子的朋友圈，你看，快点！"老伴尴尬地看着报纸，喝了一口水。别克把这个镜头语言运用到了朋友圈文案中，并结合当时"十一"长假的话题，如此写道——"收到第116个隔空点赞""发现了吗？你的长假旅行晒照下，总有两位忠粉每条必赞"。

从大叔的朋友圈来看，这则广告收获的点赞和好评数量有很多。

大叔认为，别克GL6的朋友圈广告显然是提前做了剧情的预设，广告公司在做创意提案的时候，就同时考虑到了普通广告渠道投放和朋友圈广告投放的区别。当然，主打温情牌的套路，也是公关原本就擅长的事情。所以说，广告部也在涉及公关部的工作内容。而在社交媒体时代，公关部主导拍摄的推广视频其实一点也不比广告片差，现在来看，公关和广告到底谁第一，似乎没那么重要，因为二者融合的趋势十分明显，但广告必须要公关化，这是其节约成本和刷屏的必要条件。

你所在的品牌如果要新拍一支广告片，你能从刷屏的角度提出哪些建议？

搜索"万能的大叔"微信公众号，欢迎你关注并回复"大卖"加我的个人微信，大叔愿意回答你一个有关公关的问题。

1.3 刷屏，击穿信息茧房与信息黑洞的唯一手段

从"聊天室"到"朋友圈"，刷屏所适用的外部网络环境发生了巨大变化。朋友圈的传播生态兼具信息茧房和信息黑洞两个特性，从单个微信好友来看，可能是故步自封的茧房，但从微信连接了一切的这张隐形大网来看，又是一个巨大的黑洞。

1. 信息茧房

信息茧房这个词虽然有作茧自缚之意，但实际上是个不折不扣的舶来品，英文为"dailyme"，它的解释是：每个人根据自己的喜好打造一份"个人日报"，并沉浸在个人日报的满足中，失去了解不同事物的能力和接触机会。

比如你在公司微信群发了一个红包，号召大家转发一篇微信公众号文

章,你的同事也都马上转发了,你也许会认为你的朋友圈被刷屏了,但实际上没有。我们经常发现一个现象:你认为很火的一条信息,别人却完全没听过。所以,如果你想刷屏,则一定要注意不要作茧自缚。

2. 信息黑洞

信息黑洞这个词是大叔发明的,黑洞大家都知道,它可以吸收任何物质,哪怕是光线。朋友圈就像是一个黑洞,不管你每天在朋友圈转发多少条信息,都会被这个巨大的黑洞吸收,这也是所谓的去中心传播的本质。为什么把微信称作信息黑洞?大叔将微博与微信的特点对比一下你就知道了。

同样是社交媒体,微博和微信朋友圈在传播生态上的差异化越拉越远,如果你在新媒体运营上把二者同等对待,那显然没有理解游戏规则,又怎么可能赢呢。所以,如果你想刷屏,千万别用运营微博的思路来运营微信。以下是大叔总结的微博和微信在传播形态上的四大不同点:

(1)微博是广场,微信是"小黑屋"

微博是完全开放的平台,一条微博从发出到传播是透明的,我们可以清楚地查到"谁首发""谁引爆""谁传播"……而微信则更像是一个"小黑屋",我只知道我的一些微信好友在转发,但他转给谁或者谁的转发让这件事刷屏了,无从得知。

但目前已经有类似微博传播路径的软件,可以帮你找到在微信中实现刷屏的那个关键人,这倒是方便不少。

(2)微博靠大人物,微信靠小人物

微博的社交关系是很弱的,因为这是一个开放平台,有影响力的人发言会引起很大反响,而普通人发言则激不起一丝水花。很多人登录微博就是为了看新闻、看热点、看时事、看自己感兴趣的内容,最多对它们点个赞、转发一下,连评论都很少写。所以在微博上公众人物最受关注。

微信就不一样了，微信立足于社交圈，圈子里全是熟人，社交关系自然更强。在微信里，大家更愿意展现自己，一是因为有人回应，二是因为可以在亲朋好友面前突显自己的某种特质，满足自己的心理诉求。

所以，刷屏就要刷朋友圈的屏，关键在于其能撬动强关系。比如一部电影在朋友圈里骂声一片，那么即便它票房再高，它在你心里的口碑也不会好。

（3）微博是媒体，微信是工具

微博更像是一个综合性媒体，它的核心与我们平时用的新闻软件十分像，那就是传播信息，只不过微博的传播模式是以粉丝模式和热门话题的人工推荐为主。

微信则是地地道道的聊天工具，是去中心化的社交模式。演员、歌手与我们用的微信功能是一样的，无论他有再多的粉丝，微信好友最多也就5000人。微信用户更在意的是内容，而不是谁曾经转发过。

所以，要想在微信里刷屏，内容是最好也是唯一的武器。好的内容可以通过媒介再次传播，而不好的内容再怎么推广也无法吸引旁人关注。

（4）微博消费项目多，微信暂时免费

微博已经有了一套很成熟的营销系统，热搜位、热门话题推荐位、公众人物广告位……可以说，企业要想在微博上获得流量，首先得准备足够的资金，因为几乎每一种方式都要付费。

而在朋友圈里，除非你要投放广告，做其它推广是没人收费的。当然如果你要与某个微信公众号合作的话，广告位也是要花钱购买的。

当然了，大叔进行了这么多比较，不是说微博就不好，微博也有它的好处，我们同样要抓住。只不过面对微博和微信，必须要用两种不同的方式运营。

通过对微信与微博进行一番对比,你会发现微信是不是像极了"信息黑洞"?从信息稀缺到信息沙漠,再到信息茧房和信息黑洞,大叔发现,唯有通过刷屏来击穿圈层,才能打破茧房效应,借助那张隐形的大网,穿越信息黑洞,实现传播的最大化。

也因此,微信刷屏的关键是单个人,而不是某个意见领袖。渠道变得越来越不重要了,好的内容发到朋友圈,本身就能自带流量。

你怎么看微博和微信在信息传播上的区别?以及现在还多了一个抖音,"两微一抖"的新媒体矩阵在信息传播上有何种不同?

搜索"万能的大叔"微信公众号,欢迎你关注并回复"大卖"加我的个人微信,大叔愿意回答你一个有关公关的问题。

1.4 企业塑造品牌,就必须要出现在用户的朋友圈

不知道喜欢看朋友圈的伙伴们有没有这种感受:朋友圈里有的不只是朋友,还有很多"不速之客"。这些"不速之客"往往看不出任何特别之处,一样的图文格式,一样的语言风格,跟朋友圈里的微商所发的消息没有区别,但只要仔细一看,就会发现在这些消息的右上角,有小小的"广告"二字。

大叔就经常被这些广告误导,以为是哪个朋友又有了"新副业",并且涉及的行业五花八门。最后才得知真相的大叔不得不感叹,朋友圈真是个抢手的地方啊!

2018年以来,全国多份报纸宣布停刊或者休刊。大家都在拿着手机刷屏,这是一个所有媒体和公关都必须面对的现实,但传统媒体是不是完全没有传播价值呢?大家可以仔细思考一下。

过去的20年里,大家想到传媒一般都是指电视台、广播台和报纸,大家想要传播信息一般都是在这些平台上投放广告。而在2018年,传播平台早已被互联网平台取代,而在互联网平台中,大叔认为:微信已经成为最大

的媒介。

公关最初的基本职责就是服务媒体、与媒体沟通。所以，当媒体形态发生巨变时，公关必须跟着变。当下，弄清楚媒体和公关的关系对相关从业人员尤为重要，因为这是刷屏的根本。

大叔从 4 个维度来聊聊：

1. 微信的传播力已经超越了任何一家媒体

麦克卢汉在知名传播理论"媒介即讯息"里提到，媒介比讯息更重要，因为每一种新媒介产生都开创了社会生活和社会行为的新方式，他甚至断言：媒介是社会发展的基本动力，也是区分不同社会形态的标志。

现在来看，微信就是麦克卢汉所说的代表这个时代的新媒介。微信的日活跃用户超过 9 亿人，这是一个超级信息分发平台，其传播信息的覆盖能力、精准触达能力、二次传播能力和舆情收集能力都超过了任何一家媒体。以大叔为例，大叔看新闻的第一渠道不再是新闻网站，而是朋友圈和微信群。

对于 PR 来说，不管你工作在创业公司还是 ToB 公司，如果你的 PR 工作还停留在找网站或者通过报纸发稿，那你显然连现在的媒体形态都没弄清楚，更不要谈理解公关传播价值了。

2. 传统媒体的权威性有余，内容分发不足

微信传播能力这么厉害，是不是传统媒体就没有价值了？当然不是，至少传统媒体的权威性还在，任何社会都需要真相和事实。对于一个有争议的事件，我们更愿意相信权威媒体的报道，而不是街头小报，或者某个八卦自媒体的报道。传统媒体拥有一套完整的新闻制作流程，从采写到编辑再到层层审核，这是自媒体所不具备的。

传统媒体目前的主要问题是分发内容的能力太弱。不仅是报纸、广播和

电视的分发内容能力在下降,就连门户网站都遇到了内容分发的问题。大叔曾在北京拜访了几个门户网站的主编,他们都说了一个残酷的现实:用户每天只读了20%的新闻,其他80%的内容分发不出去。大家把增加流量的希望都寄托在了兴趣阅读特性和社交平台传播上。

所以,我们可以看到,很多传统媒体把更多的精力放在了新媒体上。

比如《人民日报》,其官方微信不仅拥有上千万的粉丝人群,借助热点事件,利用新技术手段,人民日报新媒体还实现了刷屏。在庆祝中国人民解放军建军90周年阅兵当天,由人民日报客户端开发的H5——《快看呐!这是我的军装照》,瞬间刷爆了朋友圈,短短5天,"军装照"H5的浏览次数累计达到8.2亿次,独立访客累计1.27亿人,一分钟访问人数峰值高达41万人。人民网评价:也许,这将是一款有人类历史以来,短时间内浏览人次最多的融媒体产品。

3. 自媒体更容易击穿圈层,也把造谣门槛拉低了

自媒体的出现,加剧了传播的"乱局",公关可谓喜忧参半。

先说好的地方。传统媒体培养了一大批优秀的作者,其创办的自媒体拥有极强讲故事的能力,比如咪蒙或者新世相撰写的文章很容易刷屏,且这种刷屏可以击穿微信圈层,是真正意义上的刷屏,而不是在某个小圈层里传播。

过去几年,我们看到了很多类似的案例,自媒体的IP化和制造话题的能力也越来越强,头部格局已经形成,如果你的品牌想刷屏,与头部自媒体合作是一条快车道,但也可能失败,因为刷屏的成功关键看内容,而不是渠道。所以,大叔更提倡的是单篇精品文章的刷屏,而不是花80万元请咪蒙发一条软文,后者可能只是一次高阅读量的曝光。

再说忧的地方。人人都是自媒体,新闻审核的门槛大大降低了,这给很多公关留下了搬弄是非的空间,再加上新闻网站纷纷开设各种"号"来吸引自媒体入驻，一篇造谣的自媒体文章，可以经过这种渠道，堂而皇之地登上门户新闻客户端的首屏。相信不少PR在过去两年里都遭受了不少类似的攻击。

目前新媒体的投诉机制还不完善，虽然我们偶尔能看到个别品牌将一些自媒体告上法庭的案例，但这种情况依旧是少数，大部分自媒体的"造谣稿"很难通过正常的手段（比如投诉）来删除了。即便最终删除了，由于其他平台的转载和社交媒体的二次传播，带来的负面伤害是无法避免的。

4. 品牌自成媒体，公关部缺少主笔

说完了传统媒体和自媒体，大叔再聊聊品牌的新媒体矩阵，对于刷屏方式来说，这是目前最省钱和最有效的方式。微博和微信的出现，第一次让公关不再单纯地依附于别人，而是拥有了自己的媒体。当然，公关在这之前也有自己的媒体，比如企业内部刊物或者官方网站，但这些媒体不具有对外的传播力，只限于企业内部。虽然每个人都可以浏览你的官方网站，但是谁会特意去浏览呢？

微博第一次让品牌拥有了自己的媒体阵地，赋予了其媒体属性。无数的案例证明，品牌的官方微博（俗称"蓝V"）是企业对外发声的第一渠道，尤其是在做危机公关的时候，品牌不再只是依托于媒体的报道来呈现自己的态度，而可以直接通过自己的微博和微信向外界发声，自有媒介的传播不会出现任何信息上的"损耗"。此外，品牌可以通过新媒体与用户（或者粉丝）直接对话，这个优势在处理售后和粉丝经济两方面最有效。

微信订阅号和朋友圈广告的出现，使品牌可以持续在微信生态里进行拟人化的传播，这极大地提高了刷屏的可能性。当然，只要内容好，微博的内容同样可以在微信刷屏，比如海底捞的危机公关声明以及杜蕾斯每次发布的热点借势海报。一张图（截屏）就可以实现刷屏。所以，从公关部的架构来说，以前我们的侧重点在媒体关系的维护上，实际上，现在公关部最缺的是懂刷屏和会运营内容的主编，这个趋势相当明显。

综上所述，公关的新时代，需要处理好的不仅是与传统媒体的关系、重视自媒体、认识到媒介的巨大变化，还要加强自有新媒体的内容建设，因为这些都是你实现刷屏的手段。

> **互动** 在你全年的公关预算中，整个微信传播生态的预算投入占比是多少？搜索"万能的大叔"微信公众号，欢迎你关注并回复"大卖"加我的个人微信，大叔愿意回答你一个有关公关的问题。

1.5 刷屏误区：百雀羚刷屏了，为什么没有卖断货

水满则溢，月满则亏。关于刷屏，大家肯定会想，刷得人越多越好，现象越火爆越好，只要屏刷起来了，我的目的就能达到了。

然而事实真是如此吗？

在开始详细介绍刷屏的方法论之前，大叔不得不说说有关刷屏的几个误区。现在市场上有一个怪象：新媒体从业者鱼龙混杂，"老师"特别多。为了吸引流量，一些人经常会误导别人。还有一些大叔姑且称为"纯理论性"专家，没实际参与过任何一个刷屏的案例，永远点评的都是别人的成功案例，这些专家的观点也请大家仔细斟酌。

接下来，大叔就聊聊有关刷屏的5个误区，尤其是对创业公司来说，最容易踏进的误区。

误区一：把最后一分钱花在刷屏上

大叔发现创业公司特别容易走向两个极端。一个极端是特别不重视公关工作，比如很多技术VP（Vice President，高层副级人物）负责公关就会如此；另一个极端是特别重视公关工作，但又不愿意投入太多。这种情况往往会导致出现一种不好的结果：产品很差，用户体验很差，却不去改变，而是不停地做公关，这显然是本末倒置。

刷屏也好，广告也罢，这种流量和高关注度一旦形成，最需要的就是产

品的承接。比如一个知识分销的案例，活动页面火爆到系统都要崩溃了，表面上看是烈火烹油，可实际上是严重的资源浪费。因为公众的注意力极其分散，好不容易聚集了，却无法实现转化，或者虽然实现了转化，却因为产品体验的问题变成了一次性交易。

曾经有一款柠檬杯在朋友圈疯狂刷屏，其实就是在普通太空杯的基础上在底部增加了一个手动榨汁器，用的时候可以直接榨柠檬汁喝。大叔也买了一个，一打开包装，就闻到了一股浓浓的塑料味。我知道喝柠檬水健康，但用这个塑料杯子喝，健不健康我就不得而知了。所以即便柠檬杯销售再火爆，大叔也不愿意去使用。这个观点大叔在"产品刷屏"那章节中也提到了，产品才是最好的公关，让产品去刷屏，产品刷屏的重要支撑点就是品质和用户体验，产品与公关二者是相辅相成的。

误区二：不管好坏，先刷屏了再说

这是一个非常错误的观念。有不少的刷屏案例都伴随着大量的声讨质疑谩骂，被人夸着的刷屏是刷屏，被人骂着的刷屏也是刷屏，现在看来，挑起事端与争议似乎更容易获取关注度。

虽然对于运营工作者来说，"不怕被人骂，就怕连骂的人都没有"的观念深入人心。但对品牌来说，无论是企业还是个人品牌，口碑和名誉才是最重要的，不是依靠单纯的热度。一个产品想要保持长远的品牌输出能力，必然要有强大的口碑支持。

在公关圈也好，广告圈也罢，偶尔能看到乙方公司因某种问题声讨甲方公司，甚至是员工因某种问题声讨公司，个别案例也刷屏了，但结局是什么？一般情况下，没有品牌再敢用这个乙方公司或者其员工了。毕竟被摆上台面的问题大家可能都有，大家也都怕下一个被推上舆论浪尖的是自己。针对这种现象有篇文章则讽刺：有自媒体的员工不能惹。

如果是某个品牌或者某个产品被舆论声讨，虽然能引起短暂关注，但也会让大家投鼠忌器。所以,公关的第一要务是防守,保护品牌的声誉、塑造品牌的声誉。公关的相关供应商也应采取这样的做法。不要纯粹的进行事件营销,只求事件热度不管结果。

误区三:刷屏只是公关总监的事

绝对不是!公关或者危机公关,第一负责人一定是 CEO,因为 CEO 是这个公司或者品牌的最具人格化的代表。CEO 的个人声誉与品牌声誉是直接挂钩的。对创业公司来说,很多时候公关总监只是幕后工作者,舞台上也有一个"公关总监",那就是 CEO。

这其实是一件好事,但这并不是要公关总监成为摆设或者太过于关注执行层面,公关总监要在战略上成为 CEO 的"参谋",做到对整个局势的把控,并给出专业的意见和解决方案;在执行上,公关总监要制定流程和分工,盯住工作推进的细节,但不能对工作大包大揽。

而对于在舞台上的 CEO 来说,首先在心理和行动层面都必须重视刷屏工作,也要听取专业人士的意见,给予专业人士充分授权。

新世相创始人张伟通过自己的亲身经历,就意识到:营销挽救了新世相!怎么说呢?新世相团队在做"逃离北上广"案例之前,公司已经徘徊在"死亡"边缘;在做"丢书大作战"案例之前,团队受到极大的质疑。而后,其通过多个刷屏案例的打造,新世相也成了一个现象级的符号。

误区四:圈内刷屏就已足够

一个同行在群里发了一个红包,请大家转发一篇文章或者图片,群里也都是同行,就帮忙转发了。然后这时候你打开朋友圈,发现连续好几条都是这个内容。再找几个自媒体包装一下,把"刷屏"写到了标题上,然后在文中引用这个截屏。这是刷屏吗?当然不是,这是自欺欺人。

大叔之前对刷屏的三个维度进行了限定,分别是时间、程度和数据。显然，上面的刷屏均不符合，尤其是数据，它并没有提升事件中核心关键词的微信指数。所以，我们在学习刷屏和希望复制别人的成功路径时，千万不能只学外表。

比如多个好友同时转发相同内容，这对于身处其中的单个微信用户来说，就是典型的"信息茧房"效应。这个概念大叔之前也重点介绍过，而刷屏正是可以击穿微信圈层、打破茧房，借助微信朋友圈这张隐形的大网穿越信息黑洞、实现传播最大化的唯一手段。当然，还有一种方式，就是在朋友圈投放广告。

所以，刷屏一定不要自娱自乐，要有多个不同用户和不同时间的截屏证据，还要通过话题讨论量和排行榜（微博）、关键词搜索量（百度和微信指数）、媒体跟进数量（百度、头条和新榜）等多个数据来提供支撑。

误区五：刷屏了，产品就能卖断货

2017年大叔亲自参与了一个刷屏案例，就是百雀羚的《一九三一》创意长图案例。第一波案例刷屏后，有人质疑刷屏时间的转化率，当时唯一的证据就是百雀羚淘宝店同款产品的销量。这篇文章引起了大家注意，阅读量突破10万次。对此，大叔立刻发文进行了反驳，写了一篇《做公关谈转化的，大部分都是耍流氓》，阅读量很快突破10万次，最终达到12万次，分享人数接近1万，70%的阅读人群来自朋友圈。

百雀羚的刷屏，就是典型的剧情反转（后文中会介绍具体方法），第一波是主打有趣的素材刷屏，第二波是通过大叔参与的两篇观点对立的爆款文章，引发了从业内到业外的讨论，百雀羚的微信指数与之前对比上涨了75倍，相关的评论文章数不胜数，这个案例也被大叔以及很多同行列为"2017年十大刷屏案例"。那么问题来了，是不是刷屏了，产品就一定能卖断货？答案显然是否定的。为什么呢？因为我们要弄清楚刷屏的目的，你是要直接获客还是要曝光量？

还是以百雀羚为例。在母亲节时，它们做了相关话题的新媒体公关传播工作，与一些有内容制作能力的自媒体号和几个营销类微信公众号合作投放广告，带来了意想不到的曝光量。整个过程完全不是为了获客，也没有为了获客做太多提升转化率方面的工作。比如从投放的账号就能看出来，这些账号都是拥有众多粉丝人数的创意类和营销类的微信公众号，其目的就是为了曝光量和美誉度，通过内容营销让百雀羚这个百年品牌显得更年轻，更有创意。

难道自媒体就没有转化效能吗？当然有，比如微博、微信上有很多美妆类博主和时尚类博主，他们所带来的转化率都很高，因为这些自媒体是利用内容电商的运营思路，且关注的就是服装和化妆品等消费品，平日里给大家推荐好货，自媒体转化率就特别高。

你可能还会问一个问题，难道就没有既能实现曝光量，又能实现获客的刷屏案例吗？也有，但是这种情况极少，大叔有幸参与了一次：

2014年年底，有一个"90后"CEO的视频在朋友圈刷屏了，大叔是其推动者之一。在刷屏之前，我写的一篇文章《一个90后今天把整个互联网圈都激怒了》，2天的阅读量超过260万次，人民日报的微信公众号也转载了，借由大叔的这条微信文章，"90后"CEO余佳文火了，而他的创业项目——超级课程表，下载量在那几天暴增。

大叔后来复盘了一下，余佳文和超级课程表的火爆有很多因素，比如余佳文在某档节目里口出狂言后所表现出来的话题性，与同样能说会道的周鸿祎形成了强烈的对比，再加上"90后"CEO这个标签……激怒了当时的整个互联网圈，这种影响力借由朋友圈的刷屏实现了巨大扩张，而APP下载量的增加实际上是影响力提升之后附带的效应，可能这个视频得到了学生群体的认同和喜欢。

所以，我们需要提前想清楚刷屏的目标和路径。百雀羚没有卖断货是因为从一开始它营销的目标就不在于转化，但从根本目的来看，百雀羚的刷屏是成功的。

最后,当我们确定了目标后,一定要反复验证,确保真正的知行合一,因为这涉及了素材制作、渠道选择和 KPI(Key Performance Inclicator,关键绩效指标)等问题,同样不容忽视。

> **互动** 你见过哪些素材刷屏了但产品却平平淡淡的案例?
> 搜索"万能的大叔"微信公众号,欢迎你关注并回复"大卖"加我的个人微信,大叔愿意回答你一个有关公关的问题。

1.6 明确刷屏的商业目标和实践路径

身处信息爆炸的时代,每天都有人在刷屏,但为什么刷屏的不是你?其实,刷屏是可以复制的。当然复制并不是要我们去抄袭别人的创意,而是通过那些成功的刷屏案例,找到一套可以复制的刷屏方法论,从而实现刷屏,这就是刷屏的"道"。其实不止是刷屏,任何的营销行为,或者公关事件,都可以用这个"道",即:

第一步:设定目标;

第二步:设计路径;

第三步:反复验证路径能否实现目标。

设定目标 → 设计路径 → 反复验证

这套理论不是大叔自创的,而是来自新世相的创始人张伟,他按照这套理论,策划了多个刷屏案例,如"逃离北上广""丢书大作战""佛系"等。大叔只是在这个理论基础上,加了"商业目标",即任何企业的传播,包括CSR(企业社会责任),都不可能是100%公益性的,一定是有商业目的(图1-3)。

大叔举个例子来说明这套理论是怎么在新世相刷屏事件中运用的。

2017年7月8日上午8点,新世相微信公众号发布了一条图文消息,内容是:现在是早上8点,从现在开始倒计时,只要你在4小时内赶到北京、上海、广州3个城市的机场,我准备了30张往返机票,马上起飞,去一个未知但美好的目的地(图1-3)。

图1-3 新世相"4小时逃离北上广"海报

消息发出后立刻引爆了朋友圈,截至当天下午5点,文章阅读量达到116万,留言数超过5 200条,后台互动留言数达到80 000条,新世相公众号一天涨粉近11万。

1. 设定目标

"逃离北上广"的这个活动特别好,但是其中有一个很大的风险,就是"聚众",如果涌入机场的人太多,活动很可能就会被叫停,更别提刷屏了,或者刚准备刷屏，就没下文了。

为了避免"聚众"风险，新世相当初准备了两套"逃离"的方案：一套是抽奖，你讲一个故事，我给你机票；另一套是谁先冲到机场，就给谁机票。显然，第二套方案更具有强催化效果。可要怎么做，才能既实现先到先得，又要避免太多人同时冲到机场引发"聚众"风险呢？这就是上文说的"设定目标"。

2. 设计路径

为了避免"聚众"风险，新世相的产品经理设计了两个具体的实践路径：

（1）拆解任务

如果一位用户在周五的早上8点看到了信息，并下决心要参与"逃离北上广"活动的话。他要做的第一步就是到新世相公众号内回复逃离北京，然后获得报名的入口。在这个报名链接里，要先上传身份证，验明正身之后才能获得出发资格，然后在去机场的过程中，要再上传一张自己跟交通工具的合影，才能获得具体集合地点。通过环环相扣的任务，新世相可以实时监控结果。

（2）实时进度播报系统

机票先到先得，为了让所有参与者在心里有一个衡量，每位参与者过两分钟就会收到一条短信，内容是参与活动人数与剩余机票张数，假如参与者在路上发现机票已经不多了，可能中途就回去了。

3. 反复验证

为了测试这个路径是否有效，新世相全员将全流程实操了两次。最终，"逃离北上广"活动得以刷屏了，也确实没有出现"聚众"情况。

回到刷屏本身，大叔想说明的是：刷屏是一种结果，但不完全等同于目标。比如百雀羚的创意长图《一九三一》刷屏了，这是一种结果，也是这次新媒体传播在量级上的一个目标。但是，整个刷屏事件的目标到底是什么？是转化率？还是借助新媒体的形式与特定圈层的人群（比如年轻人）进行交流，从而提升其在年轻人群中的时尚感？显然，是后者。事实证明百雀羚的品牌年轻化工作做得很成功，《一九三一》也成了一个经典刷屏案例。

所以，刷屏之前要先明确我们要达到什么目的，必须要明确一个商业目标，并且反复验证之后才能付诸实践。

本章节说的内容，全都归属于"刷屏之道"的层面，大叔接下来将为大家详细拆解"刷屏之术"，我将其归纳总结为"267543"模型。每一个数字，都代表着刷屏的一个重要组成部分，将会用一章的篇幅加以阐释。请大家耐下性子，好戏才刚刚开场。

> **互动**
>
> 新世相"逃离北上广"刷屏了，你认为新世相的目标是什么？最终达成了吗？
>
> 搜索"万能的大叔"微信公众号，欢迎你关注并回复"大卖"加我的个人微信，大叔愿意回答你一个有关公关的问题。

第 2 章

刷屏的 2 个内核

在进行刷屏方法的实操之前,我们先要明白刷屏的两个内核,即圈层与人性。圈层是素材落地的土壤,人性是制造刷屏的养分。只有洞察了圈层与人性,才能打造真正深入人心的"爆款"。

2.1 圈层：你要选择引爆哪个圈层

大叔在之前的章节里不止一次提到过圈层这个词，因为微信的"地形"就是圈层化的，我们要明确传播后希望影响的人群是谁？他们在哪儿？他们是不是真实地存在？我们只有明确了圈层，才能发现刷屏的立足点。

圈层也可以说是"社交圈"。你的微信好友的分类基本就代表了你在现实社会的关系以及分类，这也是所谓"社交人生"的一个小小缩影。

大叔说微信是现实社会的缩影，那么必然也会有现实社会的标签，比如"地域""专业"，你是哪里的人，你工作的领域是什么，都会直接影响到你的圈层，进而反映在朋友圈中。因此，虽然微信连接了一切，但地缘关系实际上是天然存在的，这点特别重要。

1. 圈层实现传播

微信的传播生态是去中心化的，而之前的很长一段时间里传统媒体的传播是中心化的。二者有什么区别呢？中心化传播媒介的时代，传播的路径是从媒介到人，特点是一对多、单向传播；去中心化传播时代，传播的路径是从媒介到人，人再传播给别人，即人在二次传播中成了"媒介"。所以，能否有效激发人对人的传播，是刷屏的关键。

而"人与人"之间的传播是怎么实现的呢？就是基于圈层，每个人在微信上会被自动地以地域、职业和爱好等维度划分到多个圈层。每当有人进行分享，信息就会自动进入这些圈层中，分享的信息与圈层的关联度越高，就越能引发某个圈层的热议或分享。

所以，刷屏之前，品牌一定要明确：我们首先要引爆的一个圈层是什么？这群人到底是不是真实存在？比如是"90后"这个圈层更容易引爆，还是"90后"中的二次元圈层更容易引爆？

当信息在试图击穿一个圈层的同时，也在跨越多个圈层传播，对于传播素材来说也是一样的道理。信息的裂变性越强，跨圈层参与用户越多，实现跨圈层传播的可能性就越大。最终，才有可能实现全民刷屏的终极目标。所以，大叔把刷屏的程度，分为了圈层刷屏、跨圈层刷屏和全民刷屏。

2. 圈层刷屏是裂变刷屏的基础

"运营深度精选"创始人鉴锋在策划"三联周刊"内容分销裂变的时候，就特别重视圈层化。他认为，"知识付费"类的产品本身就具有明确指向性，而当你把产品标签进一步细化时会发现，目标行业就会越垂直，目标用户就会越密集，产品就会越容易在该群体中形成刷屏效应。

比如母婴圈层中，在以前的蓝海时期，微信公众号的营销目标就是"多"，吸引越多用户越好。而现在处于红海时期，用户早就"身经百战"，一般的营销手法已经起不了作用了，所以很多微信公众号开始调整目标，开始做"精"。细化标签，对用户进行针对性营销，比如"2岁宝宝的妈妈""深圳妈妈""中医妈妈"等标签。

无独有偶，经常刷屏的网易就特别重视圈层。原网易公司市场部总经理袁佛玉认为，用户圈层化是一个非常重要的现象。信息在同样的圈层内传播得很快，但跨圈层之间很难流动。所以网易每次传播，都追求至少先在一个明确的圈层有刷屏的机会，同时有机会穿透不同圈层实现更大的刷屏效果。

如果你是运营工作者，那么相信你的微信好友里也会有做相关工作的人，并且在这个圈子里还会有一定的好友重叠度，信息很容易裂变传播。网易就是瞄准了"互联网运营策划"这个圈层，推出了《网易戏精课》，果然成效斐然。

2017年年底，一款来自日本的小游戏不声不响地得到了大量中国玩家的关注，2018年1月21日，这款小游戏开始雄踞中国App Store免费游戏榜的榜首，并且下载人数还在不断增长，一度成为现象级手游。没错，这款游戏就是让众多"老母亲"牵肠挂肚的《旅行青蛙》(图2-1)。

图2-1 旅行青蛙游戏界面截图

在《旅行青蛙》的刷屏案例中，我们可以看到，其最大意义在于让公众真正认识到了圈层传播以及跨圈层传播的价值：一个产品如何从放置类手游的二次元核心圈层用户，一步步跨向外界，最终征服了中国的广大年轻女性用户，跨圈层是这款游戏实现刷屏的重要特征。

所以，对于传播而言，首要目标就是先在一个圈层里实现刷屏。这个圈层的指向越明确，信息传递就越顺畅。前提是这个圈层本身就真实存在，而不是拍脑袋编出来的伪圈层。伪圈层会让信息在传递时不停被损耗。

怎么去反向验证你的圈层到底是不是伪圈层呢？大叔提供两个手段：

1. 用户访谈

直接与目标用户接触是最直接但也是最麻烦的办法。与用户面对面沟通，你才知道你想像中的圈层和他们身处的圈层，到底是不是一个圈层。使用这种方法只需要你掌握市场调研的方法即可，比如定量分析和定性分析。

2. 数据验证

"前人种树后人乘凉"说的是利用现有数据进行验证的方法，多收集别人的成功案例，仔细研究和分析，看看它击中了哪个圈层，那就说明这个圈层是真实存在的。当然，如果你做了社会化传播营销，无论失败或者成功，都可以在事后做数据分析。除此之外，灰度测试也是一个办法。灰度测试是指在目标内容（可以是某个程序、某个功能、某个H5页面等）制作完成之前，先在小范围内进行测试，再逐渐扩大范围，直至覆盖所有目标用户。期间，你可以一直观察数据变化情况，以便及时发现和纠正其中的问题。

社会上的圈层数不胜数，我们做运营工作，千万不要试图面面俱到，越是想哪里都实现刷屏的结果往往是哪里都不能实现刷屏。要想跨圈层刷屏，必须要从某一个圈层刷屏开始，只要你的用户都刷屏了，那别人刷不刷屏也就无关紧要了。

你的内容对应着哪个圈层？
搜索"万能的大叔"微信公众号，欢迎你关注并回复"大卖"加我的个人微信，大叔愿意回答你一个有关公关的问题。

2.2 人性：这个洞察能产生共鸣吗

做运营，必须有极其敏锐的嗅觉，能够精准把握市场的每一个变化。而市场就是用户，洞察用户就是了解人性、洞察人性、找到共鸣。我们的传播内容能否刷屏，核心在于内容本身对人性的思考，以及对大众情绪的洞察，我们能不能帮用户说出来他（她）心中所想但没有说出的话，就是所谓的"人和"。

怎么打动圈层里的人？这就需要"洞察"。大叔采访了很多2017年刷屏案例的幕后策划者，大家都特别强调"洞察"，有人称之为"集体心理"，有人称之为"共同行动人"，有人称之为让观众产生"价值观冲击"，还有人称之为"杠杆"。最通俗的说法就是"与观众产生共鸣"。业界也一致认为：洞察会直接决定传播的效果。

比如"西瓜足迹"的刷屏案例。其实"西瓜足迹"微信小程序只是为用户提供了一个地图，用户在地图上点亮自己去过的城市，然后生成一张图片，标注着用户去过了哪些城市，超过了全国多少用户，最后还可以把这张图片一键分享到朋友圈。

在这个案例之中，除了分享朋友圈所能让用户产生的优越感，还有一个更底层的用户心理就是这个微信小程序给用户提供了一个总结和回顾的工具。在这个浮躁的社会，人们都需要放慢脚步，回头看看走过的路。所以，用户分享产生优越感是技术层面的洞察，而人们喜欢旅游，喜欢总结回顾一生，这是更底层的用户洞察。

不过就在"西瓜足迹"刷屏当天，也就是2018年6月2日，另一款微信小程序"脚步足迹"的开发者赵恩彪发布朋友圈称"西瓜足迹"涉嫌抄袭。"脚步足迹"微信小程序的操作原理与"西瓜足迹"并无不同，但"脚步足迹"在半年前就已经开发上线了。

6月6日，赵恩彪在微信公众号发表文章《西瓜足迹你好，我是脚步地图，今天是你原形毕露的日子！》。在赵恩彪的文章中我们可以看到，2018年1月，"脚步地图"拿到了相关软件的著作权。因此，赵恩彪认为，"西瓜足迹"存在抄袭。对此，西瓜足迹的戴宏民表示："有借鉴，但没有抄袭。"

6月6日下午，再打开"西瓜足迹"微信公众号内关联的微信小程序，就可以看到首页"西瓜足迹因违规已暂停服务"的提醒，同时在底部还标注着"很抱歉，微信小程序西瓜足迹由于涉嫌侵犯他人合法权益，已暂停服务"。

刷屏本是运营的应有之义，但切记创意不可盗。大叔在"西瓜足迹"这个案例中，想重点说的是这个微信小程序刷屏的内在动力，我们可以研究其刷屏套路，但绝不能抄袭剽窃他人的创意。

网易云音乐副总裁李茵认为，营销的起点是用户洞察，洞察的诀窍在于：要洞察有用的东西，说出用户的"心里话"。我们的职责是帮用户说出他们没有说出来的话。

对于听音乐的人来说，他们的人性是什么？李茵和她的团队经过无数的研究发现，喜欢听音乐的人大多是孤独的。

孤独，就成了李茵的切入点。用过网易云音乐的人都知道，网易云的一大特色就是每首歌的评论区里，都有网友写下的或感动或搞笑的评论文字，都能引起无数人的共鸣，这不就是治疗孤独的良药吗？于是李茵和她的团队根据乐评这一特点在社交媒体上不断推广，包括地铁营销，并最终做出"乐评列车"的刷屏案例。

"舞刀弄影"创始人兼CEO吴瑾旻是百雀羚和999感冒灵等多部刷屏级短视频广告的操盘手，她认为，内容本身的内核以及对人性和大众情绪的洞察才是刷屏的关键。而不管是利用图文、动图，还是视频，只是不同的表现形式和传播载体。

2017年凭借"番茄炒蛋"刷屏的招商银行信用卡团队负责人告诉大叔，过去几年，他们团队一直在坚持做两件事：第一件事是"读懂人"，精准地洞察人心，提炼作品的创意角度；第二件事是"拥抱科技"，充分利用科技赋能的新媒体，提升传播效率。

怎么去寻找和验证所洞察的内容呢？原网易市场部总经理袁佛玉认为，用户洞察是发现那些潜在的、用户尚未察觉发现，或潜意识里认为不可解决的痛点。而调研和对目标用户需求的深度发掘是洞察质量验证的最有效方式。

众多成功者的案例都告诉我们，洞察作为一种嗅觉导向，已经成为运营者的必备素质之一。大叔认为，想要锻炼洞察能力，还要在生活中多看、多想才行。

> **互动**
> 你有什么方法能够找到用户痛点？
> 搜索"万能的大叔"微信公众号，欢迎你关注并回复"大卖"加我的个人微信，大叔愿意回答你一个有关公关的问题。

第 3 章

刷屏的 6 个套路

到底怎样的素材才能实现刷屏?那些刷屏的案例中,有哪些闪光点?是内容新颖、形式特别,还是有物质激励措施?大叔在本章为大家总结了那些轰动一时的刷屏案例的共同特性,也称之为"套路",而我们要学习的就是这些"套路"。

3.1 技术刷屏：拥有创新的传播技术，就能离刷屏更进一步

什么是技术刷屏？就是通过某种技术传播手段进行刷屏，比如，微信在 2018 年年初推出的微信小游戏，人民日报客户端推出的"军装照"H5，所有微信订阅号和服务号每一次的技术升级和端口开放，这些都是传播手段上的技术创新，能够大大提升了用户的参与度，实现刷屏。

技术刷屏的方式一般有两种，一种是偏创意类，通过技术为创意赋能；一种是偏规则类，通过透彻研究微信每一次升级的技术开放端口和传播规则，利用可利用的规则实现刷屏，比如内容二次分销、微信小程序的诱导分享等，这类技术刷屏往往就是抓住一个"快"字，先做的人先受益。

2017 年，中国人民解放军建军 90 周年，在"八一"建军节人民日报新媒体客户端推出了一个《快看呐！这是我的军装照》H5。只要上传照片就能生成自己专属的各个年代的军装照，圆每个人的军旅梦，一同致敬人民解放军。一时间各种军装照迅速刷爆朋友圈。

这个 H5 的传播数据十分惊人，也非常符合朋友圈的传播生态：7 月 29 日晚推出，7 月 30 日 24 时，浏览次数突破 6 000 万次，7 月 31 日上午 10 时突破 1 亿次，之后呈现井喷式增长。7 月 31 日 17 时，浏览次数突破 2 亿次，8 月 1 日 13 时突破 5 亿次，24 时达 7.31 亿次。截至 8 月 2 日 17 时，"军装照"H5 的浏览次数累计达到 8.2 亿次，独立访客累计 1.27 亿人，一分钟访问人数峰值高达 41 万人。

大叔认为，军装照 H5 的案例，正好说明了目前技术刷屏的现状和趋势。

1. 技术刷屏越来越难

虽然这款 H5 实现了全民级别的刷屏，但这也是 2017 年为数不多的通过 H5 实现技术刷屏的案例。

2014年是H5传播的爆发年，由于新增了很多用户互动的方式，使得这类轻快简单、高黏性、带有社交属性的互动应用让参与者"欲罢不能"。

大叔记得很清楚，2014年年底，在一位某品牌负责人的办公室里，看到其墙壁的白板上写了一个大大的H5。

2015年，H5铺天盖地，精品案例层出不穷，但用户却明显出现了参与疲惫感，尤其是需要用户更多交互的H5。

到了2016年，H5开始抛弃用户交互甚至是HTML语言技术本身的创新，转而将所有创意都聚焦在竖版视频里，竖版视频的H5成为刷屏的标配。从腾讯游戏制作的吴亦凡参军H5，到宝马中国制作的宝马M2H5，再到腾讯动漫APP联合薛之谦推出的H5，都是如此。

在2017年，竖版视频H5的刷屏也越来越难了。但是，真正有创新或有创意的技术一旦出现，又会迅速形成刷屏。比如，2018年一开年，就有微信小程序"戴上圣诞帽"的火爆和各种游戏微信小程序的刷屏。不管是H5还是微信小程序，"技术刷屏"永远是刷屏方法论中重要的一部分。

2. 永远对新技术充满好奇

军装照H5刷屏，是因为制作者是《人民日报》，所以大家都听其号召吗？显然不是，因为大众的关注点更多是在H5内容本身，可以说军装照H5刷屏的核心竞争力是由天天P图提供的"人脸融合"图像处理技术。

为什么这么说呢？大叔后来曾专门找过第三方供应商，想做个类似的"人脸融合"技术案例，但最终展示的效果非常差，因为这项技术的门槛相当高。试问，如果合成的照片非常难看，你还愿意晒军装照吗？所以，大叔强烈建议所有的品牌，对所有的新技术保持好奇心，从某种意义上说，谁能第一时间拥有创新的传播技术，谁就能离刷屏更进一步。

2018年7月17日，谷歌的AI应用"猜画小歌"入驻微信小程序，一时间又掀起了游戏热潮，在朋友圈中形成了刷屏。"猜画小歌"运用了谷歌

"神经网络"技术,是首次运用此技术的微信小程序,它的玩法很简单,就是根据系统给出的题目作画,系统判断玩家是否过关(图3-1)。

图 3-1 猜画小歌

虽然使用门槛低、上手容易,但整个微信小程序制作却不简单,它被加持了图片分享、好友互动等极强的社交属性,同时拥有谷歌视觉识别、智能语音等技术。更不可思议的是,这款微信小程序还有强大的自我学习能力,因为"猜画小歌"运用了 Google AI 的神经网络驱动,该网络源自全世界最大的手绘素描数据群,不仅如此,用户的每一幅画作都将被吸纳进这个数据群中。虽然谷歌并没有公布该小程序的相关数据,但从全民画作刷屏的现象来看,轻量的微信小程序加上人工智能技术已经形成了奇妙的化学反应,催化着新型的技术刷屏方式。

3. H5 刷屏定律依旧适用

如果我有好的传播技术,要怎么运用到 H5 中呢?大叔总结出了一个 H5 刷屏定律:对用户使用场景的重塑与打破。

我们很容易发现,在那些刷屏案例中,都有一个异曲同工之处:先帮用户塑造一个使用场景,再打破这个场景,从而达到"情理之中,意料之外"的效果。

比如"宝马开到朋友圈"H5案例中,用户一开始拿着手机在看腾讯新闻,当看到这条H5时,宝马轿车从新闻里跳了出来,这就打破了腾讯新闻的框架。然后,这个H5又继续重复着"重塑和打破"的逻辑(图3-2)。

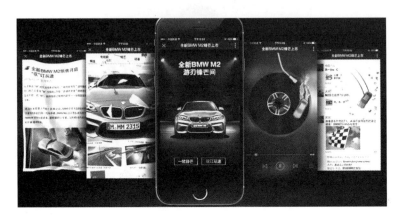

图3-2 "宝马开进朋友圈"

由此可知,想让H5刷屏,必须先塑造一个用户熟悉的使用场景,然后再打破它。

4. 技术不可能孤立刷屏

时机,是《快看呐,这是我的军装照》H5能够刷屏的重要原因。人民日报新媒体客户端选择在中国人民解放军建军90周年期间,给了每个人一次"戎马一生"的参与感,造就了这一国家重大节日、特殊节点下的现象级案例。

所以,要想刷屏,天时(要事或热点)、地利(微信朋友圈)、人和(情绪或参与感)缺一不可,技术刷屏与其他刷屏的方法论必须产生交集,才能有成功的可能。

5. 充分理解微信规则

2018年，内容分销十分火爆，网易云课堂、三联周刊和新世相的营销课都刷屏了，但后来却都被微信封禁了。尤其是新世相营销课的引爆，让微信终于意识到知识付费也存在"二次分销"这个问题，因此及时控制并界定规则。从此，内容分销的刷屏套路就被堵死了。

"诱导分享"是所有技术刷屏的一条生死线，大叔建议你认真研究一下微信的运营规则，甚至可以在事前就与微信团队沟通，防止"赔了夫人又折兵"。

不过这些案例也告诉我们，**谁能玩转微信的规则，谁就能占得先机，从而借助新技术刷屏。**

曾经做H5传播和用户裂变的运营者，现在都在运营微信小程序了。朋友圈也经常能够看到微信小程序刷屏的案例，而不少微信小游戏借助"分享到群里就能再玩一次"也迅速在微信群里刷屏，但随后微信官方迅速就微信小游戏的这个分享规则进行了封禁。

其实大叔在2015年就开始提出技术刷屏的趋势了，直到2018年它依旧是刷屏的热门手段之一，虽然其实现难度越来越大，但创新的技术自己会刷屏，这一点毋庸置疑。当然，技术绝对不是孤立存在的，考虑天时、地利、人和的要素，不论是打仗还是营销，都是百战不殆的法宝。

1.说出你认为属于技术刷屏的一个最新案例，然后思考它的技术创新点在哪里？除了技术，还有没有其他因素是其刷屏的必要条件？

2.在团队构建上，有专门负责技术刷屏的岗位吗？

搜索"万能的大叔"微信公众号，欢迎你关注并回复"大卖"加我的个人微信，大叔愿意回答你一个有关公关的问题。

3.2 产品刷屏：将最后一分钱花在产品上，而非公关上

大叔曾提到过一个观点，产品是最好的广告。其实，产品也是最好的公关。比如苹果手机，为什么每一次出新品，媒体都争相报道？是苹果的公关做得好吗？当然不是，而是产品本身厉害。产品是"1"，营销是"0"，好产

品自己会刷屏。

你也许会问：我的产品也很厉害，为什么就是刷不了屏？

大叔建议你做两件事：

第一，认真判断一下，你的产品到底哪里最厉害；

第二，如果你找到了产品足以撬动市场的厉害之处，那就要再找到一个最适合产品的刷屏方法论去实践它。

好的产品确实自带刷屏属性，但也需要推广方式来匹配，而不是简单地制作一个产品详情页，发在朋友圈里就可以了。

从2018年1月中旬到春节前，一只来自日本的"小青蛙"在中国刷屏了。

在很多媒体的报道中，都反复强调了一个问题：这款手游没做任何的推广，连中文版都没有，怎么就刷屏了？当然，很多人给出了自己的答案：角色可爱、不用花钱、放置类手游、很治愈……这些答案如果汇总成一句话，那就是：因为产品好！

产品即刷屏，这是大叔总结的"刷屏的6个套路"中的第二个。

1. 最后一分钱到底花在产品上还是公关上？

"产品是最好的公关"，相信大部分人都十分认同大叔的这个观点。原珠海格力电器股份有限公司董事长董明珠也曾在2016年的内部讲话中，专门提到产品和公关的关系："我们不能用投机的心理来做产品……我宁愿把公关费用拿来做产品。"

但似乎有另外一种声音也得到了不少人的支持，即知名投资人徐小平老师曾提出的那句"如果有最后一分钱，必须花在PR上"。

董明珠和徐小平说的这两句话矛盾吗？实际上不矛盾，董明珠的领域是实业，强调的是产品对整个品牌的重要性，而徐小平的领域是天使投资，强调的是公关在整个市场体系的重要性。

而大叔认为,产品不只是整个品牌非常重要的资产,更是市场营销工作的排头兵,直接承担了一个在移动社交媒体时代传播最重要的因素——口碑。

2. 产品是品牌制造口碑的第一生产力

怎么理解口碑的价值?大叔举一个简单的例子,同样是一件产品,你是愿意听商家推荐还是愿意听你朋友推荐?

产品及其传导的口碑直接影响着用户的购买决策,大家更愿意相信来自朋友的推荐,而不是视频网站推荐给非会员看的贴片广告内容,有句话说得好——"别看广告看疗效",疗效在哪儿?大叔认为,就在朋友圈。

大叔最重的时候体重曾达到91公斤,通过吃一款代餐,6周瘦了10公斤,又按照营养师的合理膳食建议,在随后的一个多月里瘦了5公斤。不到3个月,大叔瘦了30斤。如此立竿见影的效果使得大叔成了行走的"活招牌"(图3-3)。总是有人隔三岔五地找我询问代餐品牌的信息,至少几十个好友通过我买了价格不菲的代餐产品。而这个品牌很少做广告,只通过一个微信公众号发点文章介绍产品,再用一个免费的H5平台做了一个产品介绍宣传页,完全靠着用户口碑,赚得盆满钵满。

图3-3 行走的"活招牌"

其实很多细分领域都在靠着产品和产品的口碑在开拓新用户，比如母婴领域、食品领域、保健品领域。PR 经常做的一件事是：琢磨怎么把一个产品包装好，而不去探究产品本身是否做好了。事实上，产品是制造口碑的第一生产力，口碑并非来自公关，而是来自用户的真实体验和感受。当然，大叔并不是要 PR 向产品经理推卸责任，是要说明产品经理才是营销的排头兵，因为产品就是排头兵。

3. 10000……0

我们经常说，产品是"1"，市场营销是"0"，最终生成的价值要看"1"后面带了多少"0"。现在看来，产品不只是"1"，还会自带很多个"0"，好的产品自带了传播势能，可以实现自传播。

"旅行青蛙"刷屏后，大叔几乎把市面上所有对其的解读文章都看完了，其实结论就一个：游戏产品很棒，符合当下年轻人的口味。产品在国内即便没有任何宣传推广，也能实现疯狂刷屏，并迅速成为 APP 游戏下载排行榜第一。

大叔认为，旅行青蛙刷屏的最大意义在于让我们真正认识到了圈层传播以及跨圈层传播的价值，这正是实现"刷屏"的关键。那到底怎么能够实现跨圈层刷屏呢？核心在于产品，以及这款产品为跨越圈层提供的有足够吸引力的"社交货币"。

曾经在朋友圈中有一篇名为《无人驾驶的公交车在深圳上线了》的文章刷屏了，文中还配了很多 GIF 动图。刷屏第二天，官方辟谣了，无人驾驶公交车只是在进行测试，连官方都不知道这个消息是怎么泄露出去的。

大叔认为，无人驾驶公交车比"旅行青蛙"更具有自传播能力，因为人工智能和智能驾驶的潮流趋势和热门话题太惹人注目了，可以说自带传播势能。大叔认为，深圳这辆无人驾驶的公交车就是自带了很多"0"的产品。

看到这里，你可能有些"泄气"，我的产品没有这么厉害，怎么办？大叔推荐你学一学可口可乐的"昵称瓶"和味全果汁的"拼字瓶"。一个是糖水，一个是果汁，都是非常普通的产品，但通过在外包装上加上"社交货币"元素，就成了用户在朋友圈表达自我的一个载体，也同样可以刷屏。

所谓"昵称瓶"，就是可口可乐做的一个夏日营销活动，用户可以定制可口可乐瓶身标签上的文字（图3-4）。

它抓住了社交平台上人们喜欢设置各种关键词和社群标签的趋势，尤其在部分网络用语成为流行语之后，这样的"昵称瓶"调动了消费者的存在感与认同感，让更多的人愿意主动传播。最重要的是"昵称瓶"还延续了可口可乐"分享"的品牌精神。这次的营销事件为其带来了同比10%以上的销量增长。

图3-4 可口可乐的"昵称瓶"

说完可口可乐，大叔还想说说味全果汁。

在2016年的冬天，味全果汁更换了新的包装，摇身一变成为"拼字瓶"：7种口味，每种有6款不同的汉字包装，一共42个字，可以拼出来很多有意思的句子（图3-5）。

一时间网友的玩乐之心被极大激发，各种各样不同风格的句子在网上流传开来，比如"想养你""我爱感冒"……

图3-5 味全果汁的"拼字瓶"

事实上，冬天是冷藏果汁的销售淡季，为了提高淡季的产品销量，味全希望传达"即使是冬天，人们也需要喝果汁补充维生素，预防感冒"的广告信息，在汉字的选择上，42个字大概有三分之一拼出来是和果汁增强抵抗力有关的句子，其他三分之二的文案则强调关怀，虽然网友们的造句方向有些偏差，但却为味全创造了巨大的流量。

你看,连饮品都能通过产品包装这样看似简单的方式,让自己的产品成为"社交货币",你还有什么理由不把产品做好呢?

在这里,大叔提供两个思考的方向:

1. 口碑

口碑取决于产品功能本身为用户带来的价值。

2. 社交货币

为什么消费者要在朋友圈宣传一款产品?你能给他(她)提供什么谈资吗?

可以看出,大叔从始至终都在强调"产品",把最后一分钱花在产品上,这个策略可能不会起到立竿见影的效果,但却足以使你朝着正确的轨道前行。

你的产品有刷屏潜质吗?你打算怎么改造?
搜索"万能的大叔"微信公众号,欢迎你关注并回复"大卖"加我的个人微信,大叔愿意回答你一个有关公关的问题。

3.3 素材刷屏:刷屏并不需要大喇叭,用温柔的嗓音娓娓道来就行

有一天,在大叔的社群里,有一位群友做了一个广告:他先是发了一段促销的文字介绍,然后配了一个二维码。大叔看到后有点无奈,因为这是一种最无效的推广方式,试问如果你在一个完全由陌生人组成的微信群里看到这样的二维码,你会贸然去扫吗?很显然,大多数人不会,而打广告的人却有很大概率被群主移出微信群。

在微信传播生态里做推广的人很多,却只有少部分人能够刷屏,这也是大叔写这本书的一个诱因。本节咱们就说说刷屏的第三个套路:素材刷屏。

这里的"素材"指的是可以通过微信群和朋友圈实现一键转发的素材,

比如一个微信的截屏、一段视频（不管是微信 10 秒小视频还是发布在抖音的视频）、一篇深度文章甚至是一个表情包（不是像 H5 或者小程序需要那么复杂的内容，它们属于技术刷屏范畴）。

还是 10 年前那些素材，但由于传播环境发生了变化（比如微信的传播生态是去中心化的模式），所以，渠道（媒介）变得越来越不重要了，重要的是素材能不能自己"讲故事"。如果能，它就能立刻刷爆朋友圈。

2018 年第一周，朋友圈里上演了一场"撒币"大戏。起因是王思聪在朋友圈点名几位"重量级人物"一起"撒币"，一时间引起围观。所谓"撒币"，其实就是这几位领军人物在各自的项目里投资，而这些项目，就是风靡一时的"直播答题"。王思聪的《冲顶大会》、奉佑生的《芝士超人》、周鸿祎的《百万作战》、张一鸣旗下的《百万英雄》……其中《芝士超人》拿到了来自趣店旗下大白汽车分期的一亿元广告订单，映客直播创始人奉佑生和趣店 CEO 罗敏作为两边的代表都把这个好消息发到了朋友圈，再加上朱啸虎等明星 VC（Venture Capital，风险投资）的支持，这一亿元的广告费还没花出去一分钱，大白汽车分期在互联网圈就轻松实现了刷屏。

虽然之前已经有直播问答招商成功的案例，但《芝士超人》收到的这 1 亿元广告费才真正让品牌看到了其营销价值。

2018 年 1 月上旬，包括腾讯新闻和《人民日报》在内的很多媒体，都在微信头条推送了一张叫"冰花男孩"的照片（图 3-6），并说这张照片刷爆了朋友圈。大叔也在朋友圈看到了，一个小男孩，很可爱，又很可怜，头发满是冰霜。

这个小男孩住在在云南鲁甸的一个

图 3-6 冰花男孩

贫困山区里，他的家距离学校4.5公里，走到学校需要1小时，当天的气温只有零下九度，所以小男孩赶到教室后头发上已经沾满了冰霜，可学校却没有暖气。这张照片据说是学校老师拍的，被发到了朋友圈，然后开始刷屏。

刷屏后，"冰花男孩"自然拂去了冰花，他与他的学校也得到了多方慰问与援助。

2018年8月2日，阿里巴巴和星巴克在上海正式签署了合作协议，两家合作时间为3年，这也意味着星巴克终于有外卖业务了，这对于很多城市白领来说，无疑是一个好消息。

据说，星巴克为了这次的合作，筹备了很久。阿里巴巴的公关团队当然也不负众望，不仅召开了一个盛大的发布会，而且在社交媒体上，迅速铺开自己之前制定好的传播素材。大叔看到了两类核心素材：马云的星巴克图标与星巴克外卖漫画。漫画很好地表达了星巴克具备了外卖"随叫随到"的属性，而马云的星巴克图标则是大叔认为最具亮点的地方，星巴克的LOGO是一个大IP，怎么能够通过一张图宣布星巴克和阿里巴巴开展了深度合作呢？而阿里巴巴拿出来的图巧妙地替换了一个核心素材，把合作双方的大IP融合到了一起，很有趣（图3-7）。

图3-7 马云的星巴克图标

然而，阿里巴巴公关团队的创意，很快就被更聪明的瑞幸公关给超越了。就在马云版的星巴克新LOGO迅速在朋友圈刷屏的同时，另一张图片出现了，也就是后来广为流传，成功刷屏的"指鹿为马"图（图3-8）。

"指鹿为马"新译：咖啡新零售 luckin coffee，最近让"星爸爸"很委屈，所以他们用手指着小鹿，说"你等着"，然后召唤了"马爸爸"。

图3-8　瑞幸发布的"指鹿为马"图

瑞幸的LOGO正好是一头鹿，而星巴克的LOGO换成了马云，所以，"指鹿为马"图应运而生，并开始在朋友圈迅速刷屏。

随着瑞幸品牌的迅速崛起，大叔发现，很多白领在办公室点一杯瑞幸咖啡已经成为一种常态，而这次"指鹿为马"图的出现以及它在朋友圈的刷屏，更是一种抢占用户心智的体现。怎么说呢？瑞幸不停地捆绑星巴克来做公关，最后用户和媒体就真的把这两个品牌相提并论了，现在来看，这确实是一种非常有效的公关手段。

所以，把你想传播的内容，非常巧妙地植入到一个素材当中，让分享的人认为这是一个有趣的段子而不是广告，会得到更好的效果。

其实，聊了那么多案例，大叔是想告诉你，现在的传播环境较以往相比已经发生翻天覆地的变化，尤其是微信截屏图片，传播力更加惊人，以至于大家在传递某个不希望公开的信息时都这么嘱咐：别发微信啊，打电话！

我们应该思考3个问题：

1. 内容是否有效

看一看我们每天制作的内容，到底哪些内容能够在微信生态里传递，如果无法传递，坚决别做！传播必须精品化，不停地给传播做减法，因为用户的注意力是极度稀缺的。大叔前几天还看到一位业内的KOL（Key Opinion Leader，关键意见领袖）在说品牌的借势海报做得太多了，事实确实如此，大叔2年前就拒绝做借势海报，原因在于即便朋友圈广告满天飞，但真正能够勾起你参与欲望的广告非常少。

2. 素材是否具有自传播的能力

一张图、一个截屏、一个小视频，都很容易产出，但为什么你发在微信群和朋友圈没人理会呢？其实，要想实现自刷屏，必须保证内容有足够的故事性。也就是说素材必须拥有自传播的能力，即便没有任何的文字说明，大家也能从图片上准确快速地找到核心，并且这个信息是值得继续分享的，要符合用户参与刷屏的心理。

3. 是否有媒介

传统的公关传播需要具备两个条件：内容和渠道（媒介）。也就是说，先有好的故事，然后通过各类媒体渠道传播出去。但在移动社交媒体时代，每个人都是媒介，还需要传统媒介吗？大叔的答案是需要，只不过传统媒介做的工作是二次扩散的"助推器"，也就是让这个内容从圈层刷屏跨越到多个圈层刷屏，再推动其向全民刷屏迈进。但实现圈层刷屏一定是要靠圈层内用户的自传播，也就是说我作为这个圈层的人，不在乎内容到底是哪个平台的专访或者是谁在现场拍摄的视频，我参与分享是因为我认同这个内容，要在朋友圈刷存在感或优越感。

所以，大叔一直在强调，要让素材自己讲故事，而不是我们在讲故事，刷屏并不需要大喇叭，只要有一副温柔的嗓音，娓娓道来即可。

回忆一下2017年你所在的行业，有哪个素材刷屏了？你觉得这个素材好在哪儿？

搜索"万能的大叔"微信公众号，欢迎你关注并回复"大卖"加我的个人微信，大叔愿意回答你一个有关公关的问题。

3.4 情绪刷屏：高强度的情绪具有传染性

2012年，大叔刚从媒体转型做公关工作的时候，领导让我看了两本书，其中一本是《乌合之众》。书里有这样一个观点：当一个人孤立在外时，他的个性是鲜明的，当他融入集体之后，会逐渐丧失自我意识，他的思想会被集体思想所取代，成为盲目、冲动、狂热、轻信的"乌合之众"的一员。

当时的传播形态正因为微博的出现而发生巨变。品牌第一次被"推"到了公众面前，大众在网络上开始拥有发言权和参与感，比如"微博打拐""郭美美事件""723温州动车事故"等事件，微博舆论所代表的情绪一度对社会重大突发事件产生了巨大的影响。

从2015年开始，微信朋友圈开始"接力"，出现了很多情绪刷屏的案例。2018年影响力较大的一次情绪刷屏案例就是"D&G辱华"事件。

大叔认为，情绪既是一种刷屏的套路，更是刷屏的内在原动力，这是众多刷屏案例的一个共同关键词。那么问题来了，是不是所有的情绪都能刷屏呢？

1. 只有高强度情绪能刷屏

哲学家罗素曾提出过情绪的环状模式，将情绪划分为愉快度和强度两个维度，通过两个维度组合出四种情绪类型，分别是："愉快-高强度"（如高兴、兴奋等）、"愉快-中强度"（如轻松、宁静等）、"不愉快-高强度"（如愤怒、悲痛等）和"不愉快-中强度"（如伤心、厌烦等）（图3-9）。

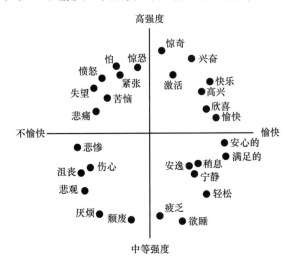

图3-9 罗素情绪表

对于情绪刷屏而言，一般都是由高强度的情绪带动，即具体表现为愤怒、悲痛、快乐和惊奇等，也就是说，轻松和厌烦这两种情绪虽然可能在朋友圈出现，但不具备"病毒传播性"，很难实现刷屏。

但随着时间的推移，很多关键词是在罗素情绪表里没有的或者发生位置变化的，比如"孤独"应该是属于"伤心"，但在社会变迁的大背景之下，这种情绪被从"伤心"中独立出来，成为一种主流且强烈的情绪。

网易被网友称为"情绪收割机"，用各种方式收割用户的快乐、悲伤和孤独等各种情绪，比如网易云音乐的乐评，通过一个真实的用户洞察——"失恋"，呈现与用户共鸣的内容，从而实现情感沟通——懂我。

虽然罗素的四种情绪模型仍在，但有些情绪的强度在发生变化，从中强度被提升到了高强度。而在这四种情绪中，能刷屏的情绪仍然只有两种高强度情绪。

2. 刷屏情绪的三个特性

（1）情绪刷屏参与者更在乎表达

"刷屏"行为有时并不仅仅是为了传播新的消息，也是一种情绪的表达。转发人不在乎自己转的内容是否合理，而更在乎在朋友圈里表达自己的态度和感受。有时用户甚至为了表达自己的观点，转发一个错误的内容，在转发语中再纠正。

（2）情绪刷屏具有病毒性

如同病毒一样，我们很容易被他人的情绪所感染。当情绪感染的情况发生时，刷屏就获得了放大效应，特别是极端情绪对其的强化作用更显著。需要小心的是，激活情绪之后存在极大的不可控性，很容易偏离方向。所谓的"集体无意识"，其实就是情绪传播下群体心理的典型特征。

（3）情绪刷屏具有误导性

人的认知路径通常是：认知→情绪→态度→行为，即先对某事物有了解，基于对掌握的信息进行分析产生某种情绪，情绪不断积累形成了较为稳定的态度，最后在需要做出决策时产生相应的行动。但在信息匮乏或超载的传播环境中，迫于时间压力或信息茧房等原因，人们可能会在认知不充分的情况下先做出情感判断，而这种情绪在一定程度上替代了认知的过程，并对后续的决策行为产生了至关重要的影响。

2017年7月27日，一部名为《战狼2》的电影上映了，在随后的时间里，它以雷霆之势席卷了全中国，截至2017年10月26日，《战狼2》的票房为56.81亿元，跻身全球票房榜第55名。几乎所有看过《战狼2》的人都激情澎湃，大叔认为，这是其最成功的地方。它真正地激发了公众对于爱国的强烈情绪。

除此之外《战狼2》还选择了一个非常有利的时间节点，就是中国人民解放军建军90周年，在这样的背景下观众的情绪更容易被激发，正所谓"天时地利人和"。《战狼2》还在电影内外宣扬"爱国主义的共鸣和情绪"，比如电影结尾出现在大银幕上的中国护照，还有那句："无论你在海外遇到了怎样的危险，请记住，你的背后有一个强大的祖国"，更是戳中了无数观众的泪点，这样的爱国情绪，在电影中随时可以感受到。

在现实生活中，爱国情绪同样能迅速团结一个民族，尤其是在面对一些可以上升到国家荣誉和民族尊严层面的问题。

在2018年11月底，意大利奢侈品牌杜嘉班纳（D&G）的一位创始人兼设计师，在某国外社交平台与网友的私信中涉嫌使用辱华言语，随后这几张截屏在微博平台和微信朋友圈被迅速刷屏，从而掀起了中国网民的爱国情绪。

该品牌曾拍摄的视频短片中对筷子文化有非常异样的理解，使得这股情绪从中国传递到了日本、韩国等亚洲国家，最后，D&G两位创始人虽然出面道歉，但却无法浇灭被点燃起的情绪，因为大家看不出来其道歉的诚意。

大叔认为，D&G这次危机刷屏的核心就是态度，并不是中西方的文化差异问题，品牌一味地掩饰自己的错误，只会极大地激发中国民众的抵触情绪。

大叔一直说，公关分为道和术，但在D&G这件事上，讨论任何"术"都是多余的，因为这次的问题出在"道"，即D&G及其创始人应该意识到问题的严重性，以及配合的唯一行动就是展示你的认错态度，必须要非常诚恳。

更多有关"情绪刷屏中如何做危机公关"的话题，大叔会在"5.4 情绪管理真相"的章节中继续阐述。

3. 乌合之众的"情绪"是洪水猛兽

勒庞在《乌合之众》中描述了群体心理的三个显著特质，分别是低智力化、自信心爆棚、情绪化。这三个特质同样在社交网络时代被一一验证，尤其是"情绪化"。他的大致意思放在朋友圈中就是：

你微信朋友圈里的好友表现出很强的情绪化，看到一个截屏或者消息的时候，完全不去求证，而固执地认为这就是真的，然后纷纷转发，表示支持或是声讨，因为大家要的根本不是真相，而是宣泄。

2017年年初，咪蒙在一个公开场合畅谈自己做自媒体的心得，透露了一组数据。咪蒙微信公众号有1 400万粉丝，打开率为20%（她承认打开率在下降），平均阅读量是200万，单篇最高阅读量1 470万。

咪蒙将自己能够能打造多个"爆款"的原因归结为：所有的好文章都是用户需求和自我表达之间的交集，不是用户喜欢什么我们就写什么，而是用户喜欢的和我们自己想表达的之间的交集。听故事是人的天性，但是人们更关心跟自己有关的故事。

最后，大叔对"情绪刷屏"给出三点建议：

1. 情绪在朋友圈会失控

在信息碎片化、信息茧房和信息沙漠三个特性同时存在的情况下，情绪在很多时候已经超越了内容本身，成为用户直接获取、表达和传递的"素材"。以微信为首的移动社交网络平台不仅可以加速情绪的传播速度，更能够放大这种情绪，呈现极其不稳定的特性。所以，掌控情绪传播的"度"非常重要。

2. 情绪应该藏在故事背后

怎么控制情绪的"度"呢？大叔有个方法，就是把情绪和故事的排序做好。虽然激发公众情绪对传播来说可能是一条快车道，但大叔强烈不建议品牌和自媒体只靠一股情绪来刷屏，而忽视了内容本身的客观性。大叔认为，最佳的做法应该是先去挖掘"素材"本身的正能量和社会价值，然后再结合某种情绪讲故事，让"故事"更有代入感和参与感。

3. 小情绪也有大威力

说到情绪刷屏，我们往往看到的是很多社会重大事件，但很多时候，品牌更需要思考的是如何面对这种的负面情绪，而不是激发。此外，对品牌而言，应该多在小情绪上下功夫，与用户产生共鸣，比如网易云音乐塑造的"孤独情绪"。最后，还要强调一点，不管是小情绪还是大情绪，这种情绪必须是真实的，来自真实的用户洞察，而不是单纯的"你以为"。

大叔认为，情绪的确是传播的一大利器，强度越高，其刷屏效果越好，但切记"煽风点火"不可取。

互动

再看一下罗素的四种情绪图，除了孤独，还有哪些情绪在当下发生了变化？

搜索"万能的大叔"微信公众号，欢迎你关注并回复"大卖"加我的个人微信，大叔愿意回答你一个有关公关的问题。

3.5　要事刷屏：借可预见的重要事件和节点实现刷屏

每天，国内外会发生很多大事，但仔细看看就能发现，只有两种大事能够引起刷屏：一个是你所处的行业出了大事（当然，这是因为信息茧房的原因）；另一个就是你所处的国家（或者地球）出了大事，所谓"国事无小事"。后者就是大叔所说的"要事刷屏"。

大叔对"要事刷屏"有个定义：要事包括重要事件和重要节点，比如中国人民解放军建军90周年，是国家的重要大事；春节，是全国人民阖家团聚的日子，这都是重要节点。这些重大事件都是可预见的。

为什么要重视"要事刷屏"？因为要事刷屏是通向全民刷屏的必要途径，而全民刷屏是刷屏的最高等级，覆盖面、参与度和关注度也都是最广的。

2018年1月31日，大叔打开朋友圈，看到的全是拍摄月亮的照片。原来，我被百年一遇的"超级蓝月亮"刷屏了。

根据中科院紫金山天文台介绍，本次月全食为超级蓝月月全食，上一次发生超级蓝月月全食还是152年前的1866年3月31日。而且，本次月食观测环境极佳，不论是月亮高度还是月亮大小，都是近些年来最容易观测的一次月全食。

为什么月亮能够轻松击穿微信的圈层呢？看起来轻松其实不然，理由有三个：

1. 稀缺性

这次的月全食152年才会出现一次。

2. 门槛低

在全球的任何地方，只要天气状况允许，抬头就能看到月亮。

3. 优越感、参与感、从众心理的集合

"你看,我用单反拍的月亮照片,好看吧",这属于优越感;大家一起看月亮,这是参与感;"大家都在发表月亮的照片,我也来一张",这是从众心理。

面对这样一个刷屏的好机会,品牌该怎么介入呢?大叔看到很多品牌进行了借势,传播了很多海报,但只有一张传播度最广,就是蓝月亮的洗衣液被"挂"在天空上的那张图(图 3-10)。为什么如此生硬的一张图,会激发大家参与刷屏的动力呢?

图 3-10 "蓝月亮"挂在天空

大叔总结了一下蓝月亮成功的主要原因:

1. 起了一个好名字,与要事的关联度最高;

2. 大量的广告投放与曝光,使得大家心中都有一个"蓝月亮",能随时想起;

3. 图片制作并不精美,如果品牌主动发的海报太过修饰性(精美)或者没有话题性的话,用户本能地就会选择拒绝,反而是这种看着很业余的图,会被大家当个"梗"去传递。

除此之外,这还与蓝月亮长期积累的广告曝光有关,大家心中对"蓝月

亮"品牌已经形成认知，再结合词语重叠之后的话题性，就顺利实现了借势刷屏，成为此次事件中的最大赢家。

2016年中国杭州G20峰会的成功举行，不仅是一次杭州向全球展示其城市形象的公关机会，也是杭州本地品牌的一次绝佳展示机会。农夫山泉和娃哈哈品牌同时出现在了峰会现场，在G20峰会结束之后，农夫山泉很快播出了一条短片（并剪辑成了可以直接作为广告片的版本），内容概要是：G20峰会为各国政要提供了地道的美食，不仅食材好，大厨厨艺高超，关键还有农夫山泉品牌的好水。就这样，农夫山泉品牌很好地借助了G20峰会，再加上"大厨和佳肴"这两个配角，为自己的品质做了背书。

很多品牌会本能地抵触大型会议的线下赞助，因为其时间短、价格高且曝光人群面窄。像农夫山泉这样能真正利用好会议机会刷屏的，实属少数。

一年一度的中央电视台春节联欢晚会（简称：春晚）是目前中国收视率最高的节目，春晚对品牌的广告价值不言而喻。每年春晚，朋友圈里几乎全是有关春晚的内容。品牌该怎么借势刷屏呢？

2015年的春晚，出现了微信"摇一摇"可以领红包的项目，全民都在"摇一摇"，连我父母都得到了几元钱的奖励。微信在春晚的广告植入，成功帮助微信支付拿下一个市场（图3-11）。

图3-11　2015年春晚的广告植入

你可能会说,我们是小品牌,无法承担春晚的广告费,那大叔可以给你两个建议:

1. 如果你一年的费用只够在春晚用一次,那就用在春晚上,把钱花在刀刃上。

2. 刷屏的借势,不一定非得是硬性广告植入,比如春晚的很多小品单元的广告植入是开放的,甚至演出明星的配饰也是开放的,软性广告植入和话题性更重要。

最后,大叔简单总结下:要事刷屏是唯一能够轻松击穿圈层,真正实现全民刷屏的套路,品牌必须要重视,并且至少要提前半年甚至一年进行策划,才可能有所收获。如果要事和热点两种刷屏机会摆在你面前,大叔建议你毫不犹豫地选择要事。热点太多了,要事才具有稀缺性。

思考一下,2019年还会有哪些要事发生?你如何能跟上刷屏的步伐?搜索"万能的大叔"微信公众号,欢迎你关注并回复"大卖"加我的个人微信,大叔愿意回答你一个有关公关的问题。

3.6 热点刷屏:热点稍纵即逝,借势快比好更重要

2018年1月月末,国内发生了两件大事:第一件事是百年一遇的蓝月亮,第二件事是2018年的春运启动。这两件事都刷屏了,都属于要事刷屏,那是不是热点很难刷屏了?其实不是。

1. 要事刷屏和热点刷屏的4个区别

(1)热点的突发性更强

比如《人民的名义》,电视剧播出之前没人知道会引发如此大的热议。但对品牌来说,跟热点就是要快,所谓"快比好重要"。

(2)热点的重要性要弱于要事

比如国家大事、全球大事等重大事件，以及关系老百姓生命财产的社会重大突发事件，这些都属于要事；而热点一般包括但比如不限于娱乐圈事件、苹果发布新品、《旅行青蛙》游戏、维多利亚的秘密走秀等，会成为大家茶余饭后谈资的都是热点。

（3）热点有可能会升级为要事

突发性的要事，很有可能是从热点升级而来的，比如红黄蓝幼儿园事件。

（4）要事刷屏的量级一般要高于热点刷屏

要事无论是从事件的重要性还是刷屏的速度与范围来看，都要比热点更胜一筹。

2. 为什么"iPhoneX 春运"短片刷屏了？

春运是一个要事，这是全球最大规模每年一次的人口迁徙，涉及 5 亿名中国人。在春运开始的第一天，苹果就发布了一条由陈可辛导演用 iPhoneX 拍摄的短片，内容根据真实故事改编，讲述了一位列车员妈妈与儿子在站台短暂相处的 3 分钟（图 3-12）。

图 3-12 "三分钟"海报

为什么iPhoneX的这个短片刷屏了？大叔认为原因有四个：

（1）春运是要事

在春运开始的第一天，品牌进行借势，很符合传播语境。

（2）真实的故事

原网易市场部总经理袁佛玉、新世相联合创始人汪再兴都认为，只有真实的故事和真实的用户洞察才能刷屏。袁佛玉指出，95%的营销案例都不是来自真实的用户洞察。而大叔在刷屏方法论中也提到了，认同感就来自于真实。

（3）陈可辛和iPhoneX

这两个元素都具备高关注度。大家可能都会好奇，用手机拍一个微电影，到底能拍出什么水平？按照大叔的刷屏方法论来解释，这属于有趣（或者好奇心）。

（4）剧情反转

短片刷屏的同时，大家对内容感动的同时也在质疑：这真的是用苹果手机拍的吗？结果发现，短片使用了很多专业且昂贵的辅助器材，而这些东西仅在片尾以"使用额外设备及APP"一带而过。于是剧情出现反转，又助推了视频刷屏。

3. 小黄车 & "小黄人"是怎么刷屏的？

电影《神偷奶爸》系列让"小黄人"的形象深入人心，胶囊状的黄色身体、短胳膊短腿、自创的语言、活蹦乱跳的性格，都让全世界的观众喜爱到了骨子里。其实，有关小黄人的营销不在少数，而最经典的案例，当属"ofo小黄车 & 小黄人"的跨界营销。我们来具体回顾一下ofo的营销全过程，看看"小黄车 & 小黄人"到底是怎么刷屏的。

2017年6月30日是《神偷奶爸3》上映的日子，同时在这一天，ofo小黄车官方微博宣布ofo与小黄人IP合作的"ofo大眼车"正式投放了，第一批投放的地点在北京国贸与金台夕照。从微博图片上可以看到，小黄车与小黄人"黄在一起"，相得益彰，十分抢眼（见图3-13）。

图3-13　ofo官方微博宣布跨界合作

小黄车的这次营销，使其官方微博新增粉丝数58 994人，相关话题阅读量达到10.9亿，讨论量57.5万；《小黄人生产车间》登上站酷平台作品第一名，PV量破212万；微信阅读量超过"10万+"文章有9篇；环球定制TVC（商业电视广告），播放量逾3100万，自主播放量259万，点赞量2万；媒体广告投放曝光量达10亿多；总PV量达972万，UV量达778万；这次传播引发大量媒体跟踪报道。广告人二毛评价：这是ofo营销做得最好的一次。

ofo的这次借势营销为什么能如此成功？这与ofo一系列运作息息相关：

（1）悬念预热：发布悬念，引发外围讨论

ofo 官微发布悬念海报，根据小黄人手短、脚短、屁股圆的特点制作黏土创意海报，制造 ofo 和谁"黄在一起"的悬念，品牌蓝 V 集体凑 CP（人物配对关系），引发业内人士及用户的广泛关注。同时制作 10 秒朋友圈短视频，全面引爆社交网络。

ofo 官方发起"我们黄在一起"热门话题，吸引网友热议，首日微博话题页阅读量近 1 亿，总话题阅读量为 3 亿。随着 KOL 参与并为小黄车凑对，网友也纷纷跟风讨论小黄车的合作对象，贡献了大量 UGC（用户原创内容）材料。

（2）定制车发布：城市地标投放拍摄，吸引 UGC 路人合照

2017 年 6 月 30 日，ofo 官方发布悬念揭晓海报，正式拉开活动序幕。同时，ofo 官方发布小黄人采访画面，并制作 10 秒朋友圈短视频，再次链接品牌并公布合作品牌。KOL 则通过娱乐新闻增加传播点，比如借助洋葱日报社、谷大白话等外围 KOL 多角度扩散，揭晓定制车，引发用户关注。

而定制版的"大眼车"的照片大范围扩散，在国贸、金台夕照地区最先投放广告，吸引粉丝关注，为后续投放广告打下基础。同时，借助电影首映礼热度，集中曝光炒热"定制 ofo 大眼车"事件，引导用户骑行，制作地标物料，针对北京、上海的用户，以骑行场景、优质美图等手段吸引用户关注。

（3）"Big Day"（重要的日子）传播：假彩蛋吸引关注，TVC 广告、H5 与界面改版等方式引爆

TVC 广告上线前期，ofo 利用电影往期画面及 TVC 画面制作"假彩蛋"，由电影类媒体营销号发出，吸引关注。

随着活动的开展"小黄人生产车间"H5 正式上线，结合小黄人特点，设置用户交互体验，让"黄"的主题贯穿始终，将用户引至端内参与改版

互动。"小黄人生产车间"H5一经上线就被数英网收录为每周经典案例,登上站酷平台作品总榜第一名。据不完全统计,"小黄人生产车间"H5刷屏了300万人的朋友圈。"小黄人生产车间"H5传播侧重利用最有效的H5打开渠道传播,广泛覆盖受众朋友圈,吸引自然点击。

线下方面,ofo进行地铁广告投放,打造小黄人小黄车版"清明上河图",趣味性的广告引发众人调侃,线下广告线上传播,提升"Big Day"跨界声量(图3-14)。

图3-14　ofo地铁广告投放

(4)集卡活动:多种形式物料,引导端内活动,持续提升热度

建立"全城搜集小黄人"话题,官方微博发起号召用户转发集卡活动,原微博转发量达19 153次,截至活动结束,微博话题阅读量达4.9亿,讨论量29.5万。

同时,代言人与真人KOL集体游戏求卡,KOL引导用户与代言人一起玩游戏，造成大量UGC自发帮代言人集卡骑车内容。

根据运营策略，炒热梅尔稀缺卡，同时KOL求梅尔卡、并制作表情包配合，引发网友在评论区求卡换卡，为电影中的梅尔增加了用户辨识度，得到环球高度赞赏。

多阶段的持续传播，引发用户广泛参与集卡活动，刺激产生海量UGC反哺。

ofo这次的刷屏就是一次非常成功的热点借势刷屏，小黄人火不火？很火，那么《神偷奶爸3》作为小黄人系列的主线电影，毋庸置疑也会吸引众多影迷和粉丝。面对这样一个大IP、大热点，ofo非常聪明地抓住了这次机会。从电影上映前的悬念造势，到电影上映时的悬念揭晓与同步投放，再到电影上映后，小黄车的一系列营销活动，都让小黄车与小黄人一次又一次地刷屏了。而且"ofo小黄车&小黄人"是史上第一个零差评的营销活动，这个案例非常值得我们学习借鉴。

4. 借势营销三法则

（1）判断热点是否符合品牌调性的需求

《人民的名义》是2017年最火的一部电视剧，剧中人物的"达康书记"则是这部剧最火的一个IP，他的"表情包"实现了真正意义上的全民刷屏。

这么火的一部电视剧和IP，是绝佳的借势来源。对于金立品牌来说，"达康书记"这个角色刚正不阿，拥有极强的正义感，一心一意造福人民群众，而金立主打的就是面向政商人群的安全手机。IP与品牌调性高度符合，用户人群高度重合。

（2）借势：快比好重要

在这部剧还有两周就要上演大结局的时候，大叔向金立公司高层提议，签下"达康书记"的扮演者吴刚老师作为品牌代言人，这个提议很快被采纳了。当天晚上，我们就找到了吴刚老师的经纪人进行接洽，双方可谓一拍即合。从接触到确认合作，只用了一周的时间。

与此同时，我们启动了该项目的整个品牌营销计划。《人民的名义》将在"五一"之前播完，大家一定会有不舍的心理。于是我们就拍一个"续集"，专门为吴刚老师定制一个微电影，剧情高度还原原作，当观众再次看到熟悉的"达康书记"时，展现金立手机的安全卖点。让"达康书记"和金立手机分别扮演男一号和"男二号"。

《人民的名义》大结局之后的第三天，我们的续集《安全的名义》视频一推出便成功刷屏了。

（3）品牌植入一定要浅显自然

在《安全的名义》中，故事的开头描写了一起交通事故：陈主任被一辆黑色轿车撞伤，肇事者撞人之后下车获取了陈主任的手机和指纹，便逃逸了。陈主任被送去医院抢救，媒体十分关注。就在这时，达康书记接到媒体的电话，他产生了疑问，为什么媒体的电话打到我这里来了？媒体怎么知道我的电话？

紧接着达康书记召开会议，质问道：这么重要的信息，为什么要储存在手机里？没有人能回答达康书记的问题。在会议中，大家一致认为这是一起有预谋的犯罪，目的是拿到陈主任装有重要机密文件的手机，用陈主任的指纹开锁，获取文件。在这种情况下，大家自然紧张万分，加大力度寻找手机的下落。就在一筹莫展之际，一名工作人员发现陈主任用的是金立手机，型号为 M6S Plus，内置安全加密芯片，可以保护手机数据安全，并加载活体指纹技术，除非本人开启，否则任何人都无法打开。通过一系列介绍之后，大家明白了，信息在金立手机里是安全的，于是都松了一口气。这时，犯罪嫌疑人也锁定了，故事结局皆大欢喜。

故事的最后，达康书记还让别人帮忙买一台金立 M6S Plus 手机。

在这个广告的前半部分内容,没有出现任何金立手机的影子,故事情节十分紧凑。后半部分内容通过案情进展引入金立手机的种种安全特性,高度契合剧情,不会让观众产生排斥情绪。故事从开始到高潮再到结尾,虽然不是讲金立手机,但却让观众记住了金立手机。广告中人物的对话也大有玄机,比如达康书记的一句:这么重要的信息,为什么要储存在手机里?可以看出他对手机安全性的不信任,但影片最后他却让人代买手机,更衬托出金立手机的安全性。

《安全的名义》这种剧情类的广告,虽然看起来品牌不是主角,但胜在植入自然,广告够"软",反而更容易被大众接受,搭配借势宣传,更容易引起刷屏。

通过分析达康书记的这个案例,大叔有一点心得,即对热点的判断很重要,其次就是速度,因为热点很可能稍纵即逝,最后就是品牌植入一定要浅显自然,这直接关系到传播能否实现裂变效应。

最后大叔还要强调的一点是,热点固然重要,但作为一个品牌来说,如果同时有一个热点和一件要事摆在你面前,别犹豫,选要事。因为热点太多了,而要事能介入的机会不多。当然,介入要事的成本比热点要高得多,且需要准备的时间周期也更长。但大叔并不是要大家放弃热点,相反,热点刷屏的小而美才是品牌传播的常态。

> **互动** 总结一下2018年上半年的时事热点,你觉得哪些适合你的品牌借势?搜索"万能的大叔"微信公众号,欢迎你关注并回复"大卖"加我的个人微信,大叔愿意回答你一个有关公关的问题。

第 4 章

用户参与刷屏的 7 个动力

我们可以做一下换位思考：如果我是用户，我为什么要转发一篇品牌软文到我的朋友圈？这是大叔在给一些公司的新媒体从业人员培训时经常提的一个问题。我们要实现刷屏，而不只是发一篇阅读量超过10万的文章。刷屏要求用户参与分享，显然难度更高，我们不得不进行换位思考。大叔经过对上百个刷屏案例的分析，再通过对一些经典理论著作的学习，总结了刷屏的7个动力，即优越感、认同感、趋利性、好奇心、仪式感、吐槽点和参与感。

4.1 优越感:你能帮用户维护他的朋友圈"人设"吗

优越感也被称为"社交货币"或者"朋友圈人设",这是大叔认为用户参与分享的第一动力。

大叔给优越感的定义是:每个人在朋友圈(社交媒体)的"人设"。大家应该经常能在网络上看到"人设"一词,它们多用在公众人物身上。无数的标签构成了"人设",又由"人设"演化出无数标签。其实不仅是公众人物,我们生活中的每一个人都有自己的"人设",这类"人设"往往是积极正面的。

几乎所有的刷屏案例,都需要给用户提供一种优越感,这种优越感包括我有知识、我聪明、我有爱心、我爱学习、你们之前说的都是错的,我的消息才是对的……其实,这就是用户维持"人设"的表现。

那么,品牌如何激发用户的优越感,进而实现刷屏呢?大叔发现了4个角度:

1. 让用户变美、变帅,变得比别人更好

大叔在进行线下培训时最喜欢问一个问题:军装照H5为什么能刷屏?得到的答案有很多,比如激发了用户爱国情绪、借助了热点、《人民日报》的传播渠道广、拍军装照有真实感和仪式感……大叔认为这些因素都正确,但都不是核心因素。这次刷屏的核心竞争力是由腾讯天天P图提供的"人脸融合"图像处理技术。

为什么这么说呢?试问,如果军装照H5生成的照片很难看,你还愿意分享吗?也许大多数人都不愿意。所以,大叔强烈建议所有的品牌,对所有的新技术充满好奇和敬畏,毕竟新技术在刷屏中的作用,更容易让用户变美、变帅。

同理,腾讯公益的"一元购画"案例能让用户在做慈善的同时,还被其他朋友看到，俗称"一元钱做个好人"；而"西瓜足迹"案例可以让其他人看到自己去过的城市和全国的排名，也满足了用户的优越感。

2. 制造一个能帮用户"炫耀"的数据

企鹅智库在 2017 年对微信用户做了一次调研，有几个数据很有趣：六成以上用户选择在朋友圈发布个人生活内容，同时也更倾向于在朋友圈看到私人化的内容，如生活记录、观点表达等。33% 的用户经常在朋友圈分享与工作相关的内容，但仅有 23.6% 的用户愿意看到和工作相关内容。与此同时，80% 用户有过用微信处理工作的经历，一线城市的比例达到 60%，四五线城市占比有 40%。

大叔的理解是：用户在朋友圈更关注的是如何"炫耀"，即便是广告或者软文，如果能让用户"炫耀"，用户也会分享。大叔认为，品牌应该在帮助用户"炫耀"和推送广告之间，找到一个平衡点。

2017 年年末，支付宝推出了"年度账单"，用户可以看到自己在支付宝上消费一年的账单。此后，朋友圈一度被各种账单充斥着（图 4-1）。但后来由于用户查询年度账单时被支付宝自动勾选了《芝麻服务协议》，对用户隐私造成了风险，而后支付宝官方进行了道歉整改，最终演变为负面刷屏。

图 4-1　2017 支付宝年度账单

不过在负面刷屏之前，年度账单的刷屏效果还是非常成功的："我全年总支出 100 万元""我超越了北京东城区 99% 的人""支付宝给我的标签是'大财主'"……这些数据无一不在帮助用户积攒优越感。用户分享到朋友圈，实际上早就没有把它当做是一个广告了，而是当做炫耀的工具。但对于支付宝来说，这却是实实在在的推广。

除了支付宝，网易云音乐、微信也经常会出一些与用户息息相关的数据报告。由于给普通用户提供了炫耀的机会，所以这种活动一般都会刷屏，但并不是所有品牌都能"照猫画虎"。成功刷屏必须得符合以下 3 个条件：

（1）有庞大的用户基础和可公开的数据基础；

（2）用户高频使用或与用户的日常生活息息相关；

（3）如果优越感不足，就要靠其他"动力"来补，比如趣味性。

当然，微信小程序同样可以用这种方法，类似"比一比你的左脑右脑""你是不是本群 IQ 最高的人"等，吸引用户竞争也能激发优越感，进而产生分享。

3. 把"消费者是上帝"这句话落实到朋友圈

品牌说得最多的一句话就是："消费者是我们的上帝"。可是怎么才能让消费者感受到自己是"上帝"呢？这就要靠优越感加小惊喜了。

比如我入驻某个酒店，酒店额外送给我一份果盘，甚至直接给我升级了一间豪华套房。因为酒店有顾客的大数据，知道那天恰巧是我的生日。你猜我惊喜不惊喜？会不会把这个好消息分享到朋友圈？

国外餐厅经常做的一件事是：主厨会走到顾客的餐桌前，询问顾客是否对菜品满意？不管他是不是真心地接受你的意见，你是不是感觉到了被尊重，进而有一股想把这个体验分享到朋友圈的欲望？

对媒体也是如此。媒体发布会的传播工作，一般是从邀请函开始着手准备的。做公关的小伙伴都知道,把邀请函做得更有创意一些,目的就是为了让嘉宾分享。其实,媒体分享收到的邀请函,本身就带有一种"优越感":看看,某品牌请我去开发布会。甚至有些品牌只制作个海报就当做邀请函了,但嘉宾还是愿意分享,为什么呢?就是因为海报上有自己的名字甚至是照片。所以 PR 在做媒体关系维护工作时,一个重要原则就是要让媒体感受到"被尊重"。

4. "剧情反转"能够激发用户的优越感

很多事件都是动态进行的,尤其是拥有剧情反转特性的刷屏事件,第一波刷屏的结果,可能在第二波刷屏中反转了,而推动用户参与第二波刷屏的一个重要动力就是"优越感"——看,你们之前分享的是错的(假的)吧!

对于品牌而言,要重视这个特性,尤其是品牌希望官方声明的传播声量和覆盖圈层能够超越之前的谣言的时候,必须激发用户的优越感。比如给用户展示真相的同时,希望用户帮忙传播扩散,让用户通过分享维护其在朋友圈的正义形象。

2018 年 2 月 25 日,一篇名为《腾讯夏总监,请放过我们!》的文章在朋友圈刷屏了,发出这篇文章的是梅林米店的微信公众号。原来,2 月 24 日,一位姓夏的腾讯总监,在这家叫"米店"的餐厅吃饭并且喝酒喝多了,在餐厅门口指挥其配偶停车时,与另一位顾客发生了一些争执。夏总监认为米店有责任,就组织腾讯的同事在大众点评集体写差评,一夜之间,米店收到了 40 多条一星的差评。

接着,米店开始"反击",发表了这篇微信文章《腾讯夏总监,请放过我们!》,不仅拿出监控录像的镜头,揭露了这位夏总监的种种恶行,最关键的是找到了夏总监鼓动腾讯员工写差评的微信截屏。整个文章的定调就是委屈,并把"腾讯"品牌放大,迅速吸引了大批网友为其谋不平。最后,不仅当事人出面道歉,就连腾讯也出面道歉。

在《疯传》这本书里,作者归纳了感染力六原则,第一原则就是"社交货币"。它的定义是:就像人们使用货币能买到商品或服务一样,使用社交货币能够获得家人、朋友和同事的更多好评和更积极的印象。

大叔认为,优越感就是非常重要的社交货币。所以,品牌要想刷屏,就必须要激发用户的分享欲望,而优越感就是一把开启欲望的钥匙。

> **互动** 推荐你看《疯传》,可能会对大叔的刷屏理论理解更深刻。
> 搜索"万能的大叔"微信公众号,欢迎你关注并回复"大卖"加我的个人微信,大叔愿意回答你一个有关公关的问题。

4.2 认同感:你能激发用户的共鸣情绪吗

"认同感"是用户参与刷屏的第二大动力,大叔先给"认同感"下一个定义。认同感,包括被认同感,即用户与分享的内容之间,是一种相互认同的关系,用户认同了这个观点,才会主动分享,而参与分享之后又希望能够获得其他人的认同。

大叔认为,认同感是刷屏非常重要的价值,尤其是在正面的案例中,这是品牌获取用户心智、与用户产生交流甚至情感链接的绝佳机会,可以极大地提升品牌的口碑,进而影响用户本人以及其微信好友的购买决策。

这点在电影营销中被总结为"口碑逆袭",大叔以2018年春节档电影为例,来好好地分析一下。

数据显示,《捉妖记2》预售、首日票房冠军的成绩都没有保持三天,其数据、口碑便出现下滑,第三天其票房被当日豆瓣评分7.4分的《唐人街探案2》超越。第三天登顶单日票房冠军后,《唐人街探案2》连续4天站稳单日冠军宝座。但是这种情况持续了没多久,就被豆瓣评分高达8.5分的《红海行动》超越。后者票房随后一直领跑春节电影市场。

最终,口碑评价最好的《红海行动》,从首日票房最低、排片仅有11%

的垫底局面，成功通过口碑效应成为冠军，展现出了好内容的票房号召力和口碑发酵能力。但为什么同题材类型的影片，李晨导演的《空天猎》票房仅有 3.18 亿元，与《红海行动》票房相差 10 倍呢？大叔在下面详细分析下。

大叔在 2015 年就开始关注电影市场的"口碑逆袭"事件，当年的最佳案例就是《大圣归来》。大叔当时的观点是，《大圣归来》口碑确实不错，但不仅是依靠口碑，他们也非常娴熟地运营了新媒体传播。而在 2018 年，大叔要修正自己的这个观点。对电影营销而言，口碑是最重要的刷屏"武器"，也是票房奇迹的缔造者。口碑的本质就是认同感，即我认为这个电影好看，也愿意在朋友圈分享。当然，即使引起争议也对票房有贡献，比如"我就是要看看这个电影有多差"。

那么，问题来了，口碑和认同感从何而来呢？品牌如何制造认同感？大叔提供 3 个角度供读者思考：

1. 认同感必须来自真实的用户洞察和故事

品牌在思考"认同感"的时候，往往会陷入一个误区，就是认同感不真实。"我认为这个视频很好啊，很有共鸣啊！"说这话的人往往不是从用户视角出发的。用户如果不认同，就无法激发分享行为。怎么能做到用户认同呢？真实是一个比较笨的好办法。

《红海行动》是根据 2015 年 3 月 29 日发生的"也门撤侨"事件改编的，陈可辛导演用 iPhoneX 拍摄的《三分钟》也是基于真实故事改编，还有电影《湄公河行动》《我不是药神》，等。众多引起巨大反响的经典电影都是根据真实事件改编的。可以看出，真实性更容易激发用户的认同感。

你可能有个疑问，有很多影视剧是"根据真实故事改编"，为什么那些作品没有刷屏？这其实就要看其内容对真实故事的还原度有多高了。破坏了真实性的改编，会极大削弱认同感。

2. 把某个细节和标签不断地放大

前几天,某品牌的品牌负责人来找大叔,聊起了刷屏难的困惑。他给大叔看了一个他们拍的品牌视频。大叔作为同行,非常能够理解这个视频想传递给用户的一种"认同感",但大叔看完之后什么都没记住。5分钟的视频,装有7个人物和故事,每个人物看似就在你身边,但是轻描淡写,最终成了一道东北名菜——"乱炖"。

大叔给他的建议是:

(1)做减法,把一个人的故事讲透;

(2)5秒内把一个"包袱"抖响;

(3)一定要把某个真实的细节或者人物的标签不断地放大并反复强调,给用户留下一个明确的记忆点;

(4)想清楚品牌和这个事故的关联度。

还是说回《红海行动》,大叔对这个电影所展示的残酷战争场面记忆特别深刻,仅凭电影便能令观众身临其境的现代战争场面,大叔也会在朋友圈分享,更不用说电影还有其他可圈可点之处。显然,《红海行动》拥有的记忆点要比《空天猎》多很多。

3. 用户更需要"被认同"

品牌很少思考用户的"被认同感",这是品牌制造认同感的又一个误区。品牌希望制造认同感,与用户产生共鸣,用户因为这种认同感,会参与分享。但用户分享到朋友圈之后,实际上不仅是一种情绪的发泄,更是一种社交货币(优越感)的传递,用户本人也需要被朋友圈里的好友认同。

网易云课堂在2018年的开年就刷屏了,也首次让"内容付费的二次分销模式"进入公众视野。很多运营大咖把刷屏的原因归结于此,即趋利性。

这是大叔所不认同的,因为这本身是一门课程推广,如果参与刷屏的人只是单纯为了赚钱,大叔相信"网易开年大课"不会刷屏,其刷屏的真正原因是"被认同感"。互联网新媒体圈层的人很爱学习,所以,"你看,我多爱学习"这种"被认同感"在朋友圈起到了非常重要的基石作用,网易云课堂给运营圈的人制造了一次被认同的机会,而趋利性只是加速器。

当然,除此之外还有"认同感",即用户对网易的认可与崇拜。而网易把4位曾经制造了多个刷屏事件的老师请出来给大家上课,这对于所有参与者来说,也是一个非常好的学习机会。所以,趋利性与认同感的结合,再加上大家确实想学习,就产生了奇妙的化学反应。

看完上面这些内容,相信大家对"认同感"有了大概的认识。如果你没把握做出一个能够让大部分用户认同的刷屏素材,可以直接从真实事件中取材,越还原真实情况越好。当然,除了要让用户认同你,更重要的是帮助用户获得他人的认可,这才是所谓的"认同感"。

仔细想想,去年有什么内容引发了你的共鸣并让你转发呢?
搜索"万能的大叔"微信公众号,欢迎你关注并回复"大卖"加我的个人微信,大叔愿意回答你一个有关公关的问题。

4.3 趋利性:分享这个内容,用户能得到什么好处

趋利性,顾名思义,就是对每个人有价值、有利益关系。趋利性是人的本性之一,所谓"无利不起早"。比较直接的趋利性做法就是和钱有关,但也不是所有事情都能用钱解决。这点好理解,但是难执行。比如群推微信订阅号文章,用发红包的形式刺激大家转发你的文章到朋友圈,如果没有"优越感"和"认同感"的配合,很容易被用户甚至微信平台认为是骗子而遭到封禁。

在微信这个传播生态里,最典型的趋利性案例就是微商,仅借助微信的强关系,做出推荐和销售行为,进而获取分成。虽然目前的状况是:朋友圈一出现微商基本就会被用户"拉黑",但我们可能要承认一个事实,那就是正

是因为微商这个群体和行业的诞生，使得微商的造富神话，极大地推动了微信 APP 的活跃度，尤其是有助于微信在三四五六线城市的渠道下沉。由于圈层的关系，你的朋友圈可能看不到微商了，但并不代表这个行业消失了。

当然，大叔提倡的刷屏肯定不是微商的概念，因为后者混淆了一个概念：我向我的朋友推荐我信得过的产品和服务，是在没有微信和手机的时代也会做的事，这是最初的口碑和品牌。而微商的最大问题是产品直销，不把朋友当朋友，把弱联系进行放大。可能这产品是假货，或者我没用过，但我为了赚钱，还是昧良心地在朋友圈推荐，失去了好友之间的"信任感"。

以小见大，微商证明了"趋利性"的重要性，这里的"利"对于传播而言，不仅是钱，还包括人脉、知识点等潜在资源。分享这种"利"，最关键是要对别人有帮助，或者对方能够获取价值，才能实现裂变。所以，趋利性能否刷屏的核心在于"利"，大叔对"利"进行了三种界定：

1. 大利

真金白银或者真知灼见，是用户高频使用的场景，且给用户在朋友圈的人设加分。比如早期的滴滴红包。

2. 小利

小便宜，但使用条件比较苛刻或者不是高频使用的场景，在小范围引爆话题，传播层级会逐级骤减。比如京东红包、大众点评红包和微信读书的"买一送一"活动。

3. 伪利

看着像是给别人好处和提供帮忙，实际上是假象和欺骗，因此会被封杀。比如"帮我砍价"做微商。

显然，品牌都希望实现 1 和 2，而不是 3，但由于成本等原因，我们好像又特别容易陷入 2 和 3。

在《小群效应》一书中，作者徐志斌也认为，利益驱动是社交网络和社群中最强劲的六大驱动力中的第四个，还提到了两个非常不错的"利益驱动"的案例，就是滴滴红包和微信读书。大叔认为，早期的滴滴红包是"大利"，曾经帮助品牌在较短时间内吸引了大量的用户，而像微信读书的买一送一、大众点评红包、京东红包以及后期的滴滴红包等属于"小利"，很难刷屏。

滴滴红包是滴滴和快的（后被滴滴收购）在结束了疯狂的直接补贴之后，新推出的一项变相补贴政策。用户付款后，会获得若干个随机红包，可以通过微信等社交工具分享给朋友，大家领到红包后可以在下次打车时直接抵扣车费（图 4-2 所示）。

图 4-2　用户在群内分享滴滴红包

数据显示，在 2015 年年初，滴滴红包每天被打开的次数最高时超过

3 000万次，还吸引了很多品牌联合滴滴帮它发红包。

作者提到了一个非常有趣的现象，也是大叔亲身经历的，就是一开始大家对抢滴滴红包的热情很高，会主动分享到朋友圈和微信群，因为真的能拿到实惠，且这种玩法也很新奇。但一段时间后，红包分享活动仿佛在朋友圈消失了，原因一方面来自腾讯的封禁，因为腾讯认为这种红包刷屏行为会对用户体验带来极大的挑战；另一方面大家也认为总是在朋友圈发打车的红包并没有帮助自己塑造更好的"人设"。后来，红包的分享范围越来越小，随着滴滴和快的的合并，补贴大战结束，滴滴红包越来越小，或者变成了9折券，大家也就不会分享了。

微信读书的做法是"买一送一"，即你买一本书，可以再送一本同样的书给你的微信好友。按照徐志斌的介绍，"买一送一"帮助微信读书每天都能获得一大批优质用户。但大叔查阅了公开的报道，有关"微信读书"的数据一直是个谜。

大叔认为，以送书这种方式打开社交关系链是一种非常不错的方式，但相较于打车而言，读书的需求是低频的。

而在京东和大众点评买完单后会弹出的小广告——"恭喜你获得10个红包"，大叔从来没有分享过，也很少看到有人分享，理由如下：我可能不想让别人知道我刚吃完饭或者网购了；这些红包实际上是买满减的抵用券，有品类、时间、金额等诸多限制，我发给别人，对方可能认为我是广告骚扰，而不是帮助。

你可能有一个疑问，我的品牌不可能像滴滴那样疯狂补贴，难道就没办法制造趋利性刷屏了吗？当然不是。大叔认为，要做到趋利性刷屏，需要遵守3个原则：

1. 真的有利

这点看起来容易，其实做起来很难。品牌总是觉得用户傻，其实用户一点也不傻，谁也不会为了蝇头小利去破坏自己在朋友圈的"人设"。只有真的让利给消费者，用户才会主动帮你做广告。最经典的案例就是阿里巴巴创造的"双十一"购物狂欢节，大家都知道，"双十一"这天东西便宜，这是通过一次次真实案例展示换来的口碑。当然，提供利益还有一种比较常规的方式就是抽奖，单个奖品的价值很大，随机抽取。但这种方式，包括"帮我砍价"的模式，现在都很难轻易撬动社交媒体的流量。

2. 让用户感觉占了大便宜

这既需要品牌真的让利，更需要揣摩用户心理。大叔认为，激发用户的趋利性的很大一个诱因就是要低于其心理预期，比如通过你的形容和描述，我认为这件商品至少需要1 000元，但你说只要200元，相当于在我心里打了2折，我认为占了便宜，肯定会告诉身边的人。

小范围刷屏的《三联生活周刊》"中读悦听年卡"，原价368元，以68元的超低价在社交媒体做知识付费的裂变，在不到24小时经历了服务器宕机、迅速引爆等问题，最终销售了5万多张。除了三联这个品牌的背书外，性价比是非常重要的一个因素。

三联活动的营销服务商——运营深度精选创始人鉴锋告诉大叔，定价68元并非空穴来风，而是来自他们对用户的付费门槛的长期测试。测试数据显示，定价39元的付费率是25%以上，定价69元的付费率是20%左右，定99元是15%左右，199元是10%以下。

3. 有价值的和稀缺的都是利

站在大众用户的角度来看，趋利性代表的是：分享这个内容，我能得到什么好处？所以，好处其实不只是钱（红包），还包括人脉、知识点等这种有价值且稀缺的资源。比如巴菲特的午餐，午餐只是增强了仪式感，本质是你可以拥有2个小时与巴菲特先生交流的时间。

来自微信2017年的用户数据显示，近六成好友来自职场。所以，拓展人脉成了微信用户一个很大的需求。微信群有一个特别有趣的用户心态就是：所有人都想挤进去，不管有用没用。因此，在给用户提供的趋利性上，品牌需要思考除了钱、奖品和优惠券，我还能提供哪些有价值和稀缺的东西给用户。

比如大叔在运营自己的自媒体的同时，还运营着十几个微信社群，我十分乐意邀请读者加入这些社群，因为这些社群不仅可以让你结识同行，更有可能帮你跳槽或者招人、帮甲方找靠谱的供应商或者帮靠谱的乙方找到生意方向。大家能在我的社群里获取除了大叔的自媒体内容之外的更多有价值的东西，社群与自媒体形成了互补。

归根结底，"趋利性"的主语是用户，宾语是"利"，而我们就要创造最佳宾语，把自己放在主语的角度想问题，才能让"用户趋利"成立。

> **互动**
> 推荐大家看徐志斌的《小群效应》，对刷屏会是一种补充。
> 搜索"万能的大叔"微信公众号，欢迎你关注并回复"大卖"加我的个人微信，大叔愿意回答你一个有关公关的问题。

4.4 好奇心：你的标题能吸引用户点开吗

大叔认为，好奇心是用户参与刷屏的动力之一。早期大批的H5案例能够刷屏，就是因为有创意，可以给用户带来趣味性。我可以单纯地因为这个H5好玩参与转发。公众总是充满着好奇心，品牌也是总希望能够吸引和满足用户的好奇心。

那么，对品牌来说，该怎么激发公众的好奇心呢？

1. 你的产品能勾起用户的好奇心吗

品牌故事很难做到，因为焦点都在人身上。所以，对于品牌而言，唯一能吸引用户好奇心的是它的产品。

比如搜狗推出的一款智能硬件，叫做"旅行翻译宝"，专门为出国旅行人士设计的翻译器，主打境外旅游翻译解决方案。大叔所在的TMT（互联网科技、媒体和通讯）圈子就被这个产品信息刷屏了。搜狗做了一个H5视频叫做"你说什么？我听不懂"，分别邀请了4位外国人，有抱着鸡的，拿着香蕉的，还有从井盖里站起来的，他们分别说着阿拉伯语、非洲某国的语言和法语等，这勾起了用户的好奇心，他们到底在说什么？此时，中间插入广告：听不懂没关系！买搜狗旅行翻译宝！

2. 你公司里有没有"给自己加戏"的人

"给自己加戏"最早是比喻表演、演戏很厉害的人，但在互联网上却衍生出了贬义的含义，意指把现实生活中自己的"人设"，当戏一样演，爱作秀，喜欢博关注。

其实，网易在更早之前就洞察到了现代年轻女性的"加戏"特质，从2017年9月开始，接连推出多个H5，挖掘公众的好奇心。

第一个是网易有道的名为《深夜，男同事问我睡了吗》的H5，其中的女主角在男同事问了一句"睡了么"后就尽情地开始了"表演"。H5在上线当天就成功在朋友圈刷屏。后来，吃到甜头的网易考拉海购又发布了同款H5《入职第一天，网易爸爸教我学做人》，还是熟悉的套路，成功包装出了一个"爱加戏"的员工Julia。这个H5上线三天，点击量冲破500万次。

网易考拉海购这种接地气的风格，加上真实的职场情景再现，使得续集《入职半个月，网易爸爸让我怀疑人生》再次刷屏，而Julia也成了人气主角，点击量又破了500万次。但好像除了网易在拼命地"加戏"，其他品牌都还停留在欣赏层面，为什么不直接复制呢？

最后，大叔简单做个总结：好奇心是刷屏的关键。那么，品牌怎么激发公众的好奇心呢？从产品入手，能激发用户好奇心的产品可以刷屏，或者制造一个可以激发好奇心的话题，比如"加戏"。

你怎么看好奇心为刷屏带来的价值？

搜索"万能的大叔"微信公众号，欢迎你关注并回复"大卖"加我的个人微信，大叔愿意回答你一个有关公关的问题。

4.5 仪式感：你能制造一个用户愿意分享的场景吗

大叔觉得以春节为话题聊仪式感特别合适，因为春节是全国人民参与的节日。你可以简单回忆一下，春节期间的朋友圈，大家是不是都在晒全家福、晒家宴、晒红包、晒旅游……当然，还有谈论春晚。可能除了旅游之外，全家福、家宴、红包和春晚，都属于春节的仪式感。

那么，到底什么是仪式感刷屏呢？大叔还是以春节为例来分析。其实在传统的春节习俗里，处处都有仪式感：

二十三，糖瓜粘；二十四，扫房子；二十五，磨豆腐；二十六，炖猪肉；二十七，杀公鸡；二十八，把面发；二十九，贴对联；三十晚上熬一宿；正月初一上街扭一扭，正月初二回娘家……

当然，最近这十年，中国人把春节的仪式感进行了浓缩，更多家庭聚焦在了除夕夜的年夜饭和看春晚这两个项目上。年夜饭是一年之中最重要的一顿饭，也是春节回家的重要意义所在。这样的仪式感，神圣不可侵犯。当然，一家人吃完年夜饭，打开电视看春晚，也顺理成章地成了年夜饭后的固定项目。

所以，大叔给"仪式感"的定义是：某个特定的时间、事件或行为，被赋予远高于其本身的意义，且得到大批受众的认同并参与。大家参与的这种行为叫做仪式，而每个人对仪式的认同感，即"仪式感"。而"仪式感刷屏"就是受众为表达对这种仪式的认同，在互联网上的参与行为。具体而言，就是用户集中地在微信朋友圈发布同一个仪式的相关内容。

可能有些绕，大叔做个简单的解读，比如年夜饭和春晚都符合"仪式感刷屏"逻辑。在除夕晚上，大家会拍下年夜饭分享到朋友圈，代表着"我在过春节，我们全家在团聚"。所有人都认同这个年夜饭所传递的含义，所以，大家都会拍照分享朋友圈。数据显示，2018年春晚直播期间，讨论春晚的微博有7 577万条，互动量达到2.12亿次。当然，大叔相信，微信统计的数据会更多。

接下来，让我们再思考一个问题：为什么仪式感能刷屏？这个其实比较容易理解，因为大家都认同这种仪式，而认同仪式最直接的结果就是实际参与这个仪式，这自然就能刷屏。所以，问题的核心就变成了：我们怎么能够制造大家都认同的仪式感呢？

2018年伊始，有一个话题就凭借仪式感在朋友圈刷屏，那就是"告别18岁"。当时的背景是：2017年12月31日，最后一批"90后"（生于1999年12月31日）度过了他们18岁的生日。也就是说，从这一天开始所有的"90后"都满18岁了，成年了。

成年礼本身就是一个极具仪式感的礼仪，延伸到互联网上，就变成了大家对青春的告别。"90后"群体纪念自己的18岁，"80后""70后"也追忆起自己的青春，大家纷纷晒出自己18岁时的照片，证明自己也年轻过，刷屏凭借着告别青春的仪式感，开始跨越年龄的圈层，实现跨圈层刷屏（图4-3）。

既然仪式感能够较为容易地实现刷屏，那么具体应该怎么做？大叔有3个

图4-3 "追忆18岁"的刷屏

方法论和大家分享：

1. 借已有仪式的势

对于品牌而言，最简单有效的方式就是借势传统节日的仪式感。

大叔举一个非常成功的例子——微信红包。这个功能在2014年1月27日上线，比当年的春节除夕夜只提前了3天，但瞬间引爆了朋友圈。

微信红包就是借了春节发红包这个极具仪式感的民俗的势，成功拿到了移动支付的一张船票。还有一个有意思的现象是，虽然微信可以发红包了，大家也都有手机和微信，但在春节期间，亲朋好友拜年的时候，大家还是更乐意当面给一个红包，这也恰好印证了仪式感的重要性。

2. 发布会就是场仪式

上文大叔提到，很多的仪式感都来自于节日。对于品牌而言，可能更需要思考的是，除了节日之外，还有什么符号能够激发用户的仪式感？其实有一个仪式感，是每个品牌每年都会做的事，但并不是每个品牌都能刷屏，那就是品牌的发布会。发布会的搭建，设定环节，甚至是展示PPT，能否将仪式感浓缩或者升华，进而激发用户的认同和参与，这些都是发布会能否刷屏的关键。

国外有一个非常成功的案例，那就是"维多利亚的秘密"（简称：维密）内衣秀。服装走秀虽然本身也具有仪式感，但服装走秀包括内衣走秀其实有很多，为什么维密每次都能刷爆朋友圈？因为维密走秀在处处制造仪式感，比如等级意识。虽然都是走秀模特，但谁能带上那对天使翅膀，谁才是顶级超模。天使翅膀，就是维密走秀的最重要的"道具"之一，极具仪式感，这也成为所有年会模仿的标配。再比如歌星助兴，维密的走秀不只是模特走秀，更像是一场晚会，众多歌星的表演，已经让这场秀成为格莱美级别的演出。

3. 创造仪式感

除了线下活动能够更容易够激发仪式感之外，品牌更需要思考的是像节日一样，在用户心中创造一种认同感，进而产生仪式感，然后再通过仪式感反复强化这种认同感，最终实现刷屏。

比如"喜茶"饮品店门口总是有很多人排队，排队也是一种仪式感。

比如海底捞，除了热情的店员外，还有一个主食叫"扯面"，你点餐之后，会有一个小伙子拉着一根面在你身边挥舞，为什么他不在厨房把面扯好了再用盘子端来呢？难道扯个面必须要跳舞吗？当然不是，这就是仪式感，是给你拍照发朋友圈用的（图 4-4）。

图 4-4　海底捞员工在"扯面"

除了服务员，产品及其外包装上也可以加入仪式感，让用户在使用你的产品的时候，有一种仪式感，这点可以学学 iPhone。

当然，创造仪式感要比借势仪式感难得多，所有的节日以及节日规定的民俗，都包含仪式感。但需要指出的是，并不是所有的节日及其民俗都能刷屏，因为节日太多了，必须是重要节日，且这个节日的民俗可以激发用户的分享欲望。

> **互动**
> 思考一下，你的品牌有哪些仪式感？
> 搜索"万能的大叔"微信公众号，欢迎你关注并回复"大卖"加我的个人微信，大叔愿意回答你一个有关公关的问题。

4.6 吐槽点：你能让用户自发地在社交媒体上讨论你吗

大叔认为，互联网文化催生"吐槽"现象的出现，"吐槽"不再只具有贬义的含义，它也是品牌、产品与用户互动的一种方式。如果一个内容没有任何"吐槽点"，那是无法实现刷屏的。所以，我们在制作传播素材的时候，应该预埋"吐槽点"。

2012年，网络上有一部国产动漫叫做《十万个冷笑话》，后来还拍成了电影。大叔觉得这部剧非常能够体现中国的互联网文化，比如电影的男主角拥有一个独特的技能——没错，就是"吐槽"，这与中国近十年的互联网文化出奇地一致，因为这是网友最喜欢做的事。

2017年，一部叫《吐槽大会》综艺节目火了，这其实就是《十万个冷笑话》的真人版，不仅培养了一批"90后"新人，比如李诞和池子，甚至连前中央电视台法制节目的主持人张绍刚都跟着火了一把，还有不少上了节目的演员、歌手的话题度不断飙升，整个节目一度成为微博热搜榜的常客。

所以，大叔提出"吐槽"刷屏，即通过在传播内容中设置"吐槽点"，让内容更具争议性。我们要让用户看完内容,就忍不住想说几句,这种勾引用户"吐槽"的能力,也被形象地称为"痒点"。"好痒呀,赶紧挠挠","挠"的动作在移动互联网社交时代就是"吐槽"。

神州专车有个"Michael 王今早赶飞机迟到了"的 H5 刷屏了,属于技术刷屏。我也照猫画虎做了一个 H5,可为什么刷不了屏呢?因为只有样子是不够的,还需要"加戏",这 7 个动力,就是需要加的"戏"。比如神州专车这个 H5,完全符合大叔两个 H5 刷屏的理论:放弃 HTML 语言的创新,专心做好竖版视频的创意;重塑一个用户手机使用场景,再打破它。

在这两个理论基础之上,这个 H5 在内容和创意的设计中更多地激发了用户参与刷屏的动力。比如有"吐槽点"(怎么老板张只给下属发了 1 角 8 分钱的红包,但是又给下属定了比出租车还贵的神州专车)、"仪式感"(第一人称视角,代入感很强)和"认同感"(给老板发 PPT 就是我每天的工作,赶飞机去错了机场的事我也做过)。最终,此 H5 成功刷屏。

在 2018 年世界杯上,霸占世界杯的黄金广告位"三巨头":马蜂窝、BOSS 直聘、知乎也因为"洗脑式"广告被网友"吐槽"。

"旅游之前,为什么要上马蜂窝?""旅游之前,为什么要上马蜂窝?""旅游之前,为什么要上马蜂窝?""旅游之前,为什么要上马蜂窝?"

"升职!加薪!升职!加薪!升职!加薪!找工作!直接!跟老板谈!找工作!上!BOSS 直聘!"

"你知道吗?你真的知道吗?你确定你知道吗?你真的确定你知道吗?有问题,上知乎!"

爱看世界杯的球迷们肯定不会对这些广告语陌生,这些广告都是一句话重复很多遍,不求精致,只为洗脑。但不得承认的是,即便大家不喜欢这种广告模式，但它们却凭借这种模式引发了网友的"吐槽"刷屏。

为什么互联网企业愿意冒着被网友"吐槽"的风险，集体用洗脑广告呢？一个是出于成本考虑，世界杯期间广告位昂贵，必须要在 15 秒的时间内保证宣传效果。另一个重要原因就是互联网企业对品牌的包容度也更高。大叔说，"吐槽"是中国互联网文化的表现，一个品牌做了一次传播（营销），如果用户都懒得"吐槽"，那才是最悲哀的。相反，不管通过什么方式，能够激发用户的关注、讨论或者"吐槽"，这个广告才算没有白投，起码大家记住你了。重复是最好的广告吗？显然不是，但是，从成果来看，这是最有效的，而互联网企业追求的就是效率。

面对网友对广告毫无创新、"简单粗暴"的质疑，知名策划人叶茂中也表示："广告创意的审美和品味是很主观的东西，因人而异。但不管是俗还是雅的创意，关键在于是否触动了消费者，是否制造了冲突，是否在消费者记忆中留下了触点按钮，让人能在世界杯嘈杂喧闹的传播环境中关注我们，记住我们，并且在对应的消费场景下回忆起我们的品牌。

至于说"简单粗暴"，这并不是衡量一个广告成功与否的标准。客户找我们的目的很简单，就是要让更多人下载它们的 APP。要知道这些互联网品牌在我们看来或许很熟悉，但面对电视前的全国观众，它们就是一个不折不扣的新品牌，它们要的就是老百姓能记住品牌的名字，知道它们能解决什么冲突。

之所以把广告做得简单，是因为我们只用说清一个核心冲突就能吸引新用户；之所以粗暴，是因为重复才是最佳的记忆方法。用最有效的方法去达成商业目的是无可厚非的事情。"

2017 年，招商银行（简称：招行）信用卡发布了一条视频——《世界再大，大不过一盘番茄炒蛋》，虽然这个视频其实走的是"认同感"路线，却因为剧情的"不真实"和其背后的社会问题刷屏。我认为，这个视频能刷屏有 4 个原因：

1. 无图（视频）无真相

社交媒体的传播需要素材，如果想引爆一个话题，必须要有内容。现在是"读屏时代"，用户更中意图片和视频。招行拍摄了一个视频，这是刷屏的基础。

2. 吐槽点

所有的社会化传播，都要预埋好"吐槽点"。以"番茄炒蛋"为例，首先是一部分人因为被感动而转发，其次是很多网友开始"吐槽"，比如视频剧情不真实，不符合留学生的生活，进而再深入讨论到一个社会现象——"妈宝"，即特别依赖母亲的男孩，缺乏独立性，什么事都要问妈妈。

从大家对海外留学生活的"吐槽"，再到对"妈宝"这种现象的"吐槽"，甚至是对品牌缺乏关联性的"吐槽"，这所有的话题点都成了这条视频二次传播的免费渠道，不停地通过社交媒体的圈层进行扩散。无数的案例都验证了这一点，所谓"无争议不传播"，这里的"争议"就是"吐槽"。

所以，问题的关键实际上是品牌怎么巧妙地预埋好"吐槽点"，既能够吸引网友的转发和热议，但又不至于引火上身，变成负面新闻。

3. 剧情反转

大家开始关注和"吐槽"后，等于参与到了这次传播中，那参与感怎么体现呢？就是剧情反转。"番茄炒蛋"的第一波刷屏是感动，第二波就是反转。对上面两条的质疑开始出现在朋友圈和自媒体文章里，其实这也是预埋"吐槽点"的功劳。

正是由于剧情反转，"番茄炒蛋"才吸引了更多的关注度，击穿了圈层，更打破了"热点事件不超过 24 小时"的一般逻辑。当然，作为品牌方，大叔不建议预埋剧情反转，因为很多时候说一个谎话，需要用 100 个谎话来圆，很容易得不偿失。

4. 公众情绪

这是第 2 点和第 3 点的另一个延续,所谓"公众情绪",实际上就是社交媒体上的亿万网民怎么看这件事。"番茄炒蛋"所激发的公众情绪是在亲情层面,而百雀羚还停留在创意的技术流层面。这是 2017 年下半年开始的新现象,技术流的创新可能也有些枯竭了,传统的视频依旧具有魅力。

同样是在 2017 年,还有一个刷屏话题不得不提,那就是麦当劳中国更名为金拱门。这是一个最典型的"吐槽"刷屏事件。大叔认为,金拱门刷屏分为三个阶段:

第一阶段:调侃

所有人都认为"金拱门"这几个字太土了,必须"吐槽"一下。

第二阶段:解读

后来,人们发现原来"金拱门"是有历史的,并不是随意想出来的,这样的"自作聪明"和"另辟蹊径"的解读,为此事增加了第二轮的传播;

第三阶段:延伸

文案、广告和公关相关从业人员的激情被激发了,麦当劳如果可以叫金拱门,那肯德基可以叫什么?星巴克叫什么?世纪佳缘叫什么……于是品牌借势营销的海报纷纷发布出来了,二次传播开始,引发了一次全网的 UGC 热潮,堪比 2010 年的"凡客体"风潮。

为什么麦当劳改个名字就刷屏了?如果你的公司改名会有这个效果吗?其实改名的品牌何其多,但引发的话题性远远不如"金拱门",为什么?大叔总结了 3 点:

第一,"吐槽点"

这是引发用户在社交媒体参与的基础。大叔记得新媒体运营有一个技巧，即预埋一个"吐槽点"。品牌为了让用户参与，故意露一个马脚，比如大叔发个朋友圈，如果希望好友多评论，故意写错一个关键性的错别字，会吸引很多来纠正的人。而金拱门的"吐槽点"就是这个名字——麦当劳这么厉害的品牌，怎么能起这么土的名字呢。

值得一提的是，麦当劳的"吐槽点"实际上是无伤大雅的，只是公司变更了注册名字，而非麦当劳的品牌改了名字，所以网络的声浪再大也不会对麦当劳品牌本身带来负面影响。因此，大叔建议，品牌设置的"吐槽点"必须小和巧妙，不然可能会把"故事"变成"事故"。

第二，品牌力

麦当劳品牌在全球一直排名前十位，在中国可谓家喻户晓，如果换成一个创业公司起了一个奇特的名字，显然是无法实现刷屏的。这点对于量级比较大的品牌来说，是一个可借鉴的方式。当然，改名字只是一种方式，预埋"吐槽点"才是重点。

第三，门槛

参与的门槛高低，会直接影响传播的层级。这点大叔就不赘述了，希望大家在做任何希望用户参与的事件的时候，都要考虑一下参与门槛。比如前文提到的三个阶段的刷屏，其实每一轮都吸引了大批的人参与，实现了跨圈层刷屏。

所以你看，虽然"番茄炒蛋"和金拱门都因为被"吐槽"实现了刷屏，但是使用"吐槽点"的技巧和效果是不同的，因为这两个品牌本身就是不一样的。关于"吐槽"刷屏，大叔最后给出3点建议：

第一，一定要预埋"吐槽点"

这个有点像媒体报道里提到的"议题设置"，你想传播什么内容，网友对于这个内容会产生什么想法？会激发大家"吐槽"吗？激发点在哪儿……

都需要提前想清楚，如果你不预先做好这些工作，则很难实现刷屏。

第二，"吐槽点"不能伤害品牌

如果大家的"吐槽"是在质疑你的品牌，那就不是"吐槽"刷屏了，而是负面刷屏。所以，"吐槽点"的预埋，需要找一个无伤大雅的角度。我们需要的是善意的讨论，而不是质疑，更不能因此伤害品牌。比如"番茄炒蛋"先放哪个，这个事与招商银行信用卡没关系。而金拱门的改名和品牌有非常直接的关系，麦当劳之所以能够成功驾驭，和其强大的品牌资产是有关系的，对于大部分中国品牌来说，没有可复制性。

第三，只有"吐槽点"还不够

"吐槽"虽然很强大，但要实现"吐槽"刷屏，一定不能只靠"吐槽"，还需要有认同感、有趣、技术、产品等其他刷屏方法论的结合。

2018年世界杯期间，有一个品牌实现了刷屏，那就是华帝。华帝是法国队的官方赞助商，早在世界杯开赛之前，华帝就推出了"法国冠军套餐"，其中包括烟灶套装、热水器、洗碗机等，用户在活动期间购买"法国冠军套餐"，如果最后法国队真的夺冠了，华帝将全额退款。从活动开始，到活动结束，到最后法国队夺冠华帝兑现诺言，华帝的品牌热度一直居高不下。

华帝的这次刷屏确实收割了巨大的流量，其性价比也是最高的。但大叔认为这次营销并不完美，理由如下：

产品露出不足

华帝卖的是什么产品？其实不少年轻网友并不清楚，因为华帝前期没有进行广告宣传。

没有体现品牌的个性和温度

华帝只做了营销，但没做公关。钻到了自己设置的"钱"眼里赢得了一场"赌博"的胜利，除了钱（能不能退款？怎么退款？到底损失多少钱？），用户感受不到品牌的个性和温度。

只有"认识",没有"认同"

华帝为什么要赞助法国队?老板喜欢?还是品牌调性相一致?没人说得出来。除了应付"退款"产生的巨大流量,华帝没有将用户对品牌的认知转化为对品牌的"强认知"和"认同",仅仅停留在"认识"的层面。这点可以对比小米,在上市当天遭遇破发等一系列负面,8 天之后,雷军发布了一条《小米创业 8 年内部纪录片》视频在媒体圈实现刷屏。31 分钟的纪录片,雷军回顾小米创业 8 年来的关键节点,大量内部影像资料首次公开。该纪录片由两届金马奖导演周浩监制。好多人看完都说心里有一团火,这就是典型的用公关的方式讲故事,华帝缺少这样一个步骤。

从华帝这个案例我们不难看出,品牌制造"吐槽点"固然重要,但只有"吐槽点"是远远不够的。

你怎么看"吐槽点"在社会化传播中扮演的角色?
搜索"万能的大叔"微信公众号,欢迎你关注并回复"大卖"加我的个人微信,大叔愿意回答你一个有关公关的问题。

4.7　参与感:你能给用户开放一个参与节点吗

其实,任何的刷屏案例都是在营造一种参与感,但这里的参与感特指用户角度,即品牌能不能让用户感受到自己参与的价值,比如:如果 iPhone 下一代产品的外观将由你的投票决定,你是否愿意与苹果公司一起改变历史?

小米曾经出过一本书,用了很多实操案例来回顾自己创业初期的营销之路,名叫《参与感》,这本书的作者黎万强是小米的联合创始人,他提出:"互联网思维核心是口碑为王,口碑的本质是用户思维,就是让用户拥有参与感。"所以,小米品牌快速崛起的核心就是专属于社会化媒体下的口碑传播，而小米口碑的核心关键词就是"参与感"。

大叔认为这本书很不错，推荐你们反复阅读。虽然这里面的很多思路和案例都产生于 2010 年的，近年来，社交媒体也已经发生了巨大的变化，但这套理论曾经成就了最初的小米，对你一定会有所帮助，比如"参与感三三法则"：

三个战略：做爆品，做粉丝，做自媒体。

三个战术：开放参与节点，设计互动方式，扩散口碑事件。

品牌如何构建"参与感"？黎万强认为就是把做产品、做服务、做品牌、做销售的过程开放，让用户参与进来，建立一个可触碰、可拥有，和用户共同成长的品牌。

针对刷屏营销，大叔将这套理论稍微做了一些修改：即品牌要给微信用户提供一个可视、可触碰、可拥有和可分享的机制以及作品，这套机制能非常明确地告知用户参与之后的巨大价值，而作品可以激发用户的分享欲望。机制与作品结合之后实现刷屏。

《参与感》里经常讲一个案例：小米的系统坚持每周更新，你有什么意见可以在其论坛提出，而你的意见一旦被采纳，系统更新后还会有一段文字，特别感谢××。这就是"开放参与节点"，让你的用户真正参与产品优化，并获得官方的认可。

听起来很容易，即便到了 2018 年，你的品牌也不一定能做到类似的事。虽然论坛交流的方式听起来可能有点陈旧，但这就是小米积累第一批忠实粉丝的方式，甚至在当时还没有小米手机，只有小米 MIUI 系统。

说到这里，腾讯公益的"一元购画"H5 案例非常有必要重点阐述一下。

2017 年 8 月 29 日，腾讯公益发起了一个名为"一元购画"的活动，微信用户可以以一元钱的价格购买活动中的画作，购买后，也可以将画作保存为壁纸。这个活动看似平淡无奇，深入了解后才发现，活动中的所有画作都是由 WABC 无障碍艺途公益机构里患有自闭症、智力障碍、脑瘫等病症的特殊人群创作的。

于是，"一元购画"活动瞬间引爆了朋友圈。一天时间完成 1 500 万元的筹款，参与人数近 600 万，浏览量超过千万次。无论是从 H5 的浏览量，还是从其转化率来看，可以说它是截至 2018 年，在同等用时里，撬动社交媒体流量最大且效果最好的案例。

大叔看到，很多人将原因归为"1 元钱证明你是一个好人"这个用户洞察观点，而大叔认为这是优越感与参与感这两个刷屏理论的结合。参与门槛非常低，只需花费 1 元钱，而图文并茂的讲述智障儿童的故事，给用户提供了一次绝佳的维护其在朋友圈"人设"的机会。

当然，"拍卖油画"的仪式感也非常重要，并且是这个 H5 案例能刷屏的主要原因。虽然之后活动出现了剧情反转，但是这次"一元购画"为慈善刷屏提供了一个非常好的借荐。

"一元购画"活动结束之后不久，也有一次类似的慈善捐款"同天生日"活动出现，几乎完全复制了"一元购画"活动的几个营销点，并且也有了有刷屏的趋势，可惜的是出现了隐私方面的问题，被临时叫停。

那么问题来了，同样是慈善，都可以激发优越感，维护你的朋友圈"人设"，为什么其他慈善筹款活动的 H5 没刷屏呢？

大叔认为，"一元购画"H5 刷屏的核心不是"技术刷屏"，是参与感！主要体现在门槛低，给了每个人一次"做好人"的机会。当然，其他几个刷屏的方法论的结合，帮助参与感实现了可视化（一张油画加拍卖的仪式感）、可参与（1 元的低门槛）、可拥有和可分享（生成专属自己的海报）等特性。

所以，这个案例告诉我们，怎么洞察人性是品牌首先需要考虑的，其次才是技巧，二者结合，就能实现刷屏。

大叔再举一个负面的例子，就是同样刷屏的新世相营销课，微信官方定性其为：多级分销。这个定性是对课程裂变模式的毁灭性打击。

在趋利性的章节里，大叔重点介绍了这种课程分销裂变的模式，《三联生活周刊》的"年卡"和网易云课堂的"卖课"活动都获得了成功，其实它们的套路和新世相类似，只是新世相增加了收益榜、每万人购买涨5元和为收益榜第一名价值50万元的广告位等机制作为奖励，确实把大叔之前强调的"优越感"丢在了一旁，因而非常像传销那套激励机制，知识分享变味了。

这次微信的动作很快，新世相活动还没有卷入10万人，就被微信叫停了。

但不可否认的是，由于趋利性的加入，刷屏的参与感更强了。但也正是由于很多人参与新世相的刷屏，目的是分销赚钱而不是学习，所以，事件很快出现了逆转：页面被封之后，大量的用户开始投诉，要求退款；大家开始质疑新世相的课程质量等其他问题，新世相的品牌口碑开始受损；微信定性为多级分销，新世相叫停分销模式。

对比腾讯公益和新世相两个刷屏案例，同样是激发用户的参与感，前者结合了优越感和仪式感，强调的是一元钱做慈善；而后者结合的是趋利性，更强调赚钱和获得奖励，最后的结局就是腾讯公益通过刷屏实现了口碑和实效双丰收，而新世相则被叫停，品牌口碑也严重受损。显然，大叔更提倡第一种参与感刷屏。

其实微信官方本身是不希望出现刷屏的现象，所以，它们一直在想方设法阻止刷屏。如果说官方唯一鼓励的刷屏，可能就是慈善这种正能量的刷屏，而不是只是为了赚钱的分销模式，不管是几级。这也是我们在塑造参与感时需要高度注意的问题。

互动 如果让你在品牌中加入参与感，你觉得怎么加入最合适？
搜索"万能的大叔"微信公众号，欢迎你关注并回复"大卖"加我的个人微信，大叔愿意回答你一个有关公关的问题。

第 5 章

刷屏的 5 个底层传播逻辑

很多时候，我们看了别人的刷屏案例后，也如法炮制出一个来，却没能引起刷屏，这是为什么？其实在刷屏的表象下，还有几个底层传播逻辑起着推波助澜的作用，大叔将这些底层逻辑分为无图无真相、一夜保鲜期、剧情反转、情绪管理真相、小黑屋规则五部分。

5.1 无图无真相：截屏是朋友圈刷屏的最佳素材

"无图无真相"是 2009 年的一句网络流行语，其实也预示着整个互联网传播进入了"读图"时代。到了移动互联网时代，智能手机的普及，极大地助推了微信这样巨型 APP 的诞生，"读图"时代也在悄然发生变化，变成了"截屏"时代。

无数的案例证明，相较于冗长的文字，图片和视频更容易刷屏，尤其是截屏。

截屏是最容易获取的刷屏素材，因为用户本能地认为有图片和视频的媒体更具有现场感，离事实真相更近。目前手机截屏或者拍照、拍摄视频等功能使用起来都非常简单，并且生成的信息也成为一个极其重要的传播素材，这些素材通过微信可以实现一键转发，从而瞬间实现刷屏。简单、快速、便捷，这也是很多刷屏案例都必须要具备的一个基本条件。

这种刷屏方式可以被称为"无图无真相"，也可以叫"截屏刷屏"。很多公关战都会用这种方法。品牌如果想要释放一个消息，会截一个屏，找个 KOL 把截屏发出去。如果证据链和话题性足够，可以很快引起行业的关注。

如果只是单纯地发一段文字，很难让人信服，传播也就会出现断层。但是配上图之后，仿佛就有了"真相"一样。"截屏"为什么会有这么大的威力？大叔认为，原因有 3 个：

1. 截屏最符合刷屏的传播生态

截屏和刷屏，都是对着屏做的两个动作，同一个场景，连贯性很强，随意截个屏就可以顺手转发。简单、快捷、直观让截屏成了最符合刷屏的传播生态。

2. 截屏比单纯文字更易懂

一张图传递的信息量虽然可能没有一段文字描述更为详细，但更容易被用户接受，这是"读图"时代的特征。

3. 截屏是最有可能的真相

这要追溯到社交网络的本质，微信实际上是在模仿人在实际生活中的社交，比如你的好友也是你在现实生活中的朋友，微信群聊天实际上就像朋友们聚在餐桌上闲聊一样，现场感、即时感和对话感都很强烈，给人一种特别真实的感受。当然，网民面对真相的"揭开"诉求，也是截屏能够被迅速接受和传播的重要原因。

接下来，让大叔以特步的案例，具体分析一下什么样的截屏更容易刷屏，以及如何通过截屏去刷屏。

2018年1月初，一位27岁的男性网友在相亲时，因穿了一双特步运动鞋遭到女方拒绝，女方表示27岁的男生穿特步鞋约会不合适，具体的微信对话截屏被曝光之后，迅速在朋友圈刷屏（图5-1）。很快，1月8日下午，阿里巴巴官方文化账号阿里味儿在微博上解释，被拒绝的男方是阿里巴巴的高级研发工程师，由此掀起了新一轮刷屏。

大叔注意到，这个截屏最直接地传递了一个信息，即阿里巴巴员工穿特步鞋相亲被拒，这个事件被社交媒体无限放大，甚至登上了微博热搜榜。当然，阿里巴巴的加入，加速了这个事件的刷屏，剧情开始反转，这是刷屏的6个特性之一。

大叔认为，微信对话内容的截屏，是比较容易刷屏的截屏内容之一，除了对话内容符合上文提到的现场感、即时感和对话感外，更是

图5-1 相亲双方的聊天截图

必须体现出某个社会话题（现象）、击中某个特定人群的特性，或者是基于以上两个内容延伸出的新内容。

比如相亲这个话题。其实不管穿不穿特步运动鞋，都是一个社会话题，具有广泛的群众基础。阿里巴巴员工、特步、相亲、被拒这几个元素组合起来，就涉及了很多人的生活圈。也就是说，我们要做到社会话题与特定人群的内容延伸。

这次事件的焦点都在特步品牌上，有观点甚至认为这是特步历史上最大的一次危机公关，因为特步在消费者心目中是一个比较低端的品牌形象。特步的回应是：我穿特步，你会拒绝吗？虽然调侃的表述方式是正确的，但并没有完全传递出品牌的态度，如此好的一次逆转机会，被特步浪费了。

而另一方的阿里巴巴介入方式很巧妙，因为阿里巴巴员工工资高，这是业界公认的。而阿里巴巴强调这位员工的质朴——穿特步是因为节俭，要把钱都留给女朋友。阿里巴巴把这次事件上升到了企业文化层面。

大叔在这里提一个自己的想法：特步这次要解决的核心问题是改变其在消费者面前的"低端"形象，该怎么办呢？把代言人请出来，品牌找代言人不就是为了让自己的品牌显得更潮流和更懂年轻人吗？如果代言人在当时能够站出来，替品牌调侃一下，是不是更有话题性？在别人说你低端的时候，其实是你讲自己高端的最佳时机。

当然，大叔猜测，这件事可能不是特步自己制造的，但事情出现后，品牌其实更应该逆向思考：我们能不能制造一个这样的"截屏刷屏"案例，把自己的品牌巧妙地植入？

在相亲事件中，如果你是特步的公关或者品牌负责人，面对截屏刷屏，你会如何应对？
搜索"万能的大叔"微信公众号，欢迎你关注并回复"大卖"加我的个人微信，大叔愿意回答你一个有关公关的问题。

5.2 一夜保鲜期：信息传递提速让用户注意力变得更加稀缺

喜欢追热点的朋友们想必对"一夜保鲜期"有颇多体会，为什么？因为热点的更新迭代速度实在太快了，快到这个热点还没弄明白，下个热点就迫不及待地要扑来了。更直观的体验是，微博的热搜榜几乎每时每刻都在发生变化。在这样巨大的信息爆炸面前，每一个人的注意力都被极度分散了。

除非是真正"高热度"的热点，绝大部分热点的保鲜期都不会超过24小时，这是大叔总结的刷屏的五大特性之一。为什么热点很难存在超过24小时？如何才能让热点存在超过24小时？品牌应该怎么追热点？这三点就成为品牌需要深耕的问题。

1. 热点为什么很难存在超过24小时

（1）去中心化的传播生态

出现这一现象的底层逻辑是去中心化的传播生态和互联网用户习惯发生了变化。这导致了大家传播的消息不可能像之前新浪网首页推荐内容一样，可以将头条新闻在醒目位置放好几天（实际上，这种情况也很少见）。传播没有了头条新闻的概念，新闻是多种多样的。

（2）用户注意力分散

一个热点出现之后，可以短时间内吸引很多用户的关注和讨论，用户成为热点继续扩散的"媒介"。但用户的注意力是分散且稀缺的，大家很容易又被另一个出现的热点吸引了。

（3）用户喜新厌旧

大叔曾经提过，微信将信息传递的速度从声速提升到了光速，一个消息或者热点出现后，一夜之间，就变得众人皆知了。而用户总是喜新厌旧的，对于热点也如此，今天大家还对这个热点兴致勃勃，过一天后，大家都已经知道了，大家的注意也就不在这个热点身上了。

正是由于微信去中心的传播生态和快速连接一切的特点，导致信息杂乱且丰富，让一个热点很难存在超过24小时。很多时候，热点甚至只有12小时的"生命"。

因此，能否在12小时内迅速吸引用户的眼球，是品牌能否实现刷屏的衡量指标。比如你推广一个视频，发现12小时的数据没有实现裂变，可能就需要考虑暂停后续的推广投入了，因为再过12小时，也可能很难刷屏。

这个特性对于借势营销尤为重要，面对一个热点，品牌需要快速做出决策，甚至应该提前预判好这个热点出现的时间。

2. 怎么才能让热点存在超过24小时

并不是所有热点的"保鲜期"都只有24小时。比如热播剧、热门游戏，当然还有"剧情反转"的热门事件，这几个热点都有一个共同的特点，就是有一个可持续的"载体"，这是让热点存在超过24小时的关键。

比如热播剧，大叔曾经亲自操刀过的案例《人民的名义》，从开播到大结局几乎天天刷屏；热门游戏亦如此，比如《王者荣耀》和《旅行青蛙》，尤其是《旅行青蛙》。很长一段时间里，你的朋友圈是不是天天都被那只青蛙占据了？

当热点是负面热点，而品牌被牵连时，大叔建议你逆向思考"24小时"这个问题：如果这只是个别现象，且事件本身不严重，不涉及品牌的核心资产（比如产品品质和领导人形象等），可以静观其变，过了24小时再说。当然，公关部门可以先不行动，但客服等其他部门要行动。

如果情况相反，那就要快速做出回应，尤其是拿出可执行的具体行动方案来，这就是所谓的危机公关的黄金24小时，甚至是12小时。当然，具体案例需要具体分析，但到底怎么甄别，大叔觉得品牌在危机公关预案中要有一个界定，清楚哪些情况发生是属于需要迅速回应的。比如你的企业是一个连锁餐饮企业，出现了重大的食品安全问题、涉及了消费者人身和财产安全的事情，必须要快速响应。

3. 品牌应该如何追热点

面对稍纵即逝的热点，品牌应该怎么办呢？大叔给出的解决方案是快比好重要。当然，好也很重要，因为只有好，才能在朋友圈实现裂变效应。那么问题来了，好与快怎么取舍呢？大叔认为需要对热点进行一个分类。

热点基本可分为两类，即突发性热点和预判性热点。针对不同的热点类型，品牌追热点时的方式也有所不同：

（1）面对突发性的热点，比如广州下雪了，企业如果决定要跟进热点，一定要争分夺秒，这时，快比好重要；

（2）面对一些可以预判的热点，比如苹果新品发布会、春运等，品牌需要早点介入，提前谋划，寻找最适合自己的切入点。

大叔分享一个自己操作的案例：

2016年3月30日，中国男足以2比0的比分战胜卡塔尔队，从小组出线的生死边缘起死回生，最终成功晋级世预赛12强。这场比赛，中国队要晋级，要同时满足5个条件，不仅自己要赢球，还得看同小组的其他比赛结果。当所有人都认为国足晋级无望的时候，奇迹真的出现了。当晚，这条消息在朋友圈刷屏了。

当晚奇迹发生之后，金立马上发布了一个视频和一组海报，角度是一位球迷聊自己对国足的爱。我们还从很多球迷之前的留言中，选取了一句话作为文案："有人说，如果我不能在你失败时支持你，那我如何在你成功时说爱你"，配了一张几个球迷含着泪在看台上敲鼓的画面，时至今日，每当我想起此事依旧动容（图5-2）。

图5-2 金立海报

其实对于这个热点的借势,我提前了将近4个月进行筹备。2016年春节之后,我就组织团队盘点了未来半年内,与金立有关的热点有哪些。国足很可能世界杯出线无望被我们选中。结果当晚,国足竟然创造了一个不小的奇迹,我们跟着沾了光,成功地刷了屏。

图 5-3　金立海报

当然，大叔目前为止，对热点借势最成功的案例还是达康书记为金立拍摄的《安全的名义》视频短片的成功刷屏。大叔曾在之前的章节中专门介绍过，这个案例之所以能成功，最关键的就是决策快速，也就是快比好重要。

除了追热点，品牌还可以自己制造热点，但相对而言，追热点比制造热点要容易一些，而品牌制造的热点如果能刷屏，往往都会有一个类似热点的背景，大叔称之为"天时"，比如《旅行青蛙》的刷屏就是游戏调性恰好契合了当时年轻人的生活氛围与理念。

大叔要特别提醒一点，就是刷屏方法的搭配使用。如果我决定跟进这个热点，用什么素材形式刷屏？希望和用户产生什么共鸣？甚至是引发用户的什么吐槽？激发什么情绪？这都是需要精心准备的。比如对于国足取胜热点的借势，我们当时就是宣传一个点：球迷骂国足，就是因为他骨子里是爱国足的，希望中国足球好。我们选择了一个球迷的角度，而不是赞助商的角度，或者某个球员的角度。

如果你是品牌的公关负责人，请思考一下，2019年有哪些可以预判的热点与你有关？你怎么借势？

搜索"万能的大叔"微信公众号，欢迎你关注并回复"大卖"加我的个人微信，大叔愿意回答你一个有关公关的问题。

5.3 剧情反转：故事线越偏离，刷屏的概率就越高

通过剧情反转往往能延长热点的寿命。这个特性在很多刷屏案例里几乎成了"标配"处理方式。那么到底什么是"剧情反转"呢？为什么"剧情反转"这么普遍？它到底能给品牌带来什么，品牌又该如何应对"剧情反转"呢？

其实剧情反转来源于影视剧，一般的情况是，某个事件开始刷屏或者有刷屏的苗头之后，事件的故事线发展方向开始出现偏离，偏离的角度越大，事件持续刷屏的概率就越高。如果出现与第一轮刷屏时所传播的故事截然相反的内容，即"反转"，就会引起第二轮的刷屏，事件就可以打破热点不超过24小时的定律，继续刷屏，持续吸引用户的关注。

2017年中，太多"剧情反转"的案例里，比较经典的案例有"支付宝年度账单""大年初一保佑妈妈""《人民日报》军装照 H5""罗一笑事件""1元购画公益 H5""深圳无人驾驶公交车"等，基本都符合大叔上述的描述。

那么，为什么很多刷屏案例会有剧情反转呢？这点是大叔特别想说的，一个事件越火，引来的关注就越多，意味着越多人会来"找茬"，尤其是更具有公信力的媒体的介入，所谓"人红是非多"也是这个道理。

由于在微信这样去中心化的传播生态里，每个人都成了事件进一步刷屏的"推手"，所以，剧情反转带来的刺激感，会激发用户参与分享的优越感。看到剧情反转之后，用户的心理是：你看，昨天你们刷屏的内容是错的！进而会再助推信息第二轮的传播。

大叔认为，"剧情反转"对刷屏，至少有 3 个维度的价值：

1. 时间维度

让热点事件能够持续发酵，突破 24 小时的"保鲜期"。

2. 圈层维度

让刷屏从小圈子扩散，实现从圈层刷屏到跨圈层刷屏甚至是全民刷屏的效果。

3. 舆情维度

刷屏事件一旦遭遇"剧情反转"，很容易偏离最初的传播轨迹，带来负面舆情。

有关负面舆情的问题，大叔举个例子。2017 年，支付宝年度账单的两轮刷屏，第一轮刷屏很正常，大家在朋友圈分享着自己的账单。但随后剧情开始出现反转，一位律师在一篇题为《紧急！查看支付宝年度账单前，请先看看这个》的文章中指出，他发现支付宝个人年度账单首页有一行特别小的字：我同意《芝麻服务协议》，且已帮你选择了同意。

这位细心的律师指出，支付宝的这个账单的查看和《芝麻服务协议》没有关联性，所以你选择取消同意，依然能够看到年度账单。但如果你没注意到，就会直接同意这个协议，允许支付宝收集你的信息，包括在第三方保存的信息。支付宝的这个行为，违反了《消费者权益保护法》和《互联网交易管理办法》的相关规定。

最后的结果是，支付宝出来道歉，还被相关部门约谈，相关新闻开始了第二轮的刷屏。这件事也从一个对品牌有利的社交传播案例变成了危机公关。

经过对多个刷屏案例的研究，大叔发现90%的"剧情反转"都会给刷屏案例带来负面影响。那么问题来了，品牌应该怎么对应剧情反转？或者我们换个说法，品牌可以利用剧情反转这个刷屏特性吗？

大叔认为，对于品牌来说，需要搞清楚三件事：

1. 传播前反复检查

品牌在做任何一个希望能刷屏的传播案例之前，都要反复检查和论证传播内容。比如事件的合法性、公正性，是否有违伦理道德等，尽量排除可能会出现的问题。

2. 及时处理负面舆情

面对有负面情绪的"剧情反转"要及时处理，不能坐以待毙。"好事不出门，坏事传千里"，本来是一个好事刷屏，结果因为剧情的反转，变成了坏事刷屏，这对品牌的伤害是巨大的。

3. 不能给自己"挖坑"

如果你希望像拍悬疑电影一样，通过在整个传播周期中预设一个"剧情反转"实现刷屏，千万要注意不要给自己"挖坑"。这个道理和大叔之前提到的"预埋话题点"的逻辑是一样的，切入点必须是小反转，且操作痕迹不能太重，更不能造假，还需要反复预演。最关键的一点就是，一定要保证这种"反转"要在可控范围内。所以，不能留下"证据"，比如一个微信聊天的截屏，很可能就会让你功亏一篑。

最后，大叔想说的是，虽然剧情反转可以帮助刷屏打破时间和圈层两个维度，提高事件的影响力，但同时具有较高的风险。所以我们一定要保证，故事偏离的方向是正确的。

你怎么看"剧情反转"对品牌刷屏的价值？欢迎分享一个你自己的案例。
搜索"万能的大叔"微信公众号，欢迎你关注并回复"大卖"加我的个人微信，大叔愿意回答你一个有关公关的问题。

5.4　情绪管理真相：所有刷屏一定都带有某种情绪

你可能有个疑问，刷屏的6个套路中有"情绪刷屏"，怎么这里又讲"情绪比真相重要"？其实是因为情绪在刷屏方法论里，既是现象，又是本质。这是唯一一个能跨越两个维度的刷屏关键词，可见其重要性。

为什么情绪对刷屏如此重要？大叔认为原因有3个：

1. 情绪能有效激活人的媒介属性

在去中心化的传播生态中，人是最重要的媒介，而情绪是一个能非常有效地激活这种媒介的工具。

2018年全国两会上，马化腾代表宣布了一个消息：在2018年的春节，微信和WeChat（微信海外版）的合并月活跃账户数量超过10亿。微信已经成为一个巨大的生态，大叔还是强调那句话：你必须要研究刷屏了！当然，研究刷屏的关键就是研究"人"和人的"情绪"，因为情绪可以让信息在不是微信好友的用户之间，实现快速传递。传播是否重视单个用户的感受，将成为刷屏的关键。

2. 社交媒体的行为本身就极具情绪化

我们去看微博或者网易新闻下面的评论区，有很多"抬杠"的人，有些人甚至一开始就对某人某事破口大骂，为什么呢？因为大家认为自己的身份是被隐藏的，所以想说什么说什么。当然，这种情况在逐渐改变，网络实名制的呼声越来越高。

3. 情绪比真相重要

用户对自我"人设"的维护和自我情绪的宣泄，要远远高于真相，这可能是情绪刷屏的关键原因。

有时候，用户不去求证这个行为的真实性和可靠性，而选择果断参与，一个很重要的原因就是对自我"人设"的维护：你想告诉你朋友圈所有的朋友，你是一个怎样的人，却让其他人忽视了真相是什么。

所以，情绪刷屏的关键是在用户的自我表达，正面的说法是共鸣，负面的说法是"吐槽"。大叔也看到有不少营销圈的人开始关注刷屏这种现象以及公众情绪，这是好事。但大叔发现一个非常不好的趋势好像大家分析所有刷屏成功案例的时候，都在讲"情绪"。是不是所有的刷屏都和"情绪"有关呢？是，几乎所有的刷屏都和"情绪"有关，但是，并不是所有"刷屏"的主要驱动力都来自于"情绪"，这是大叔要强调的。

比如 iPhoneX 上市的时候刷屏，这是产品刷屏，比如一个 H5 的技术很酷炫或很唯美刷屏了，这是技术刷屏。

当然，还有一种刷屏是介入上述两种情况之间的，即情绪在刷屏中起到了重要的作用，但还有其他重要因素，而其他因素运用得好与坏可能是刷屏成功与否的关键。

所以，大叔特别想指出的是，刷屏是一个动态的传播现象，我们每个人都需要不停地更新知识点，没办法做到"一招鲜吃遍天"。作为品牌，尤其是个人品牌，如何才能用好情绪这个刷屏的好帮手呢？大叔认为，有以下 3

点需要注意：

第一，品牌应该重视情绪，但不能唯情绪论。

品牌千万不要只做情绪宣泄的事，而忽视了传播素材本身的故事性、观赏性、创意甚至是利益点。品牌应该重视情绪，但不能唯情绪论，更不能煽动负面情绪。

第二，学会多用小情绪，但必须保证真实性。

大情绪的刷屏，往往都是负面刷屏，品牌需要思考的是如何面对这种负面情绪，而不是激发它。在社会化传播中，品牌应该多在小情绪上下功夫，与用户产生共鸣。

还要强调一点，不管是小情绪还是大情绪，这种情绪必须是真实的，来自真实的用户洞察。比如在网易云音乐的评论区里，有人失恋了，听了一首歌，然后哭一场，写下一句感受，这非常真实，只有这样的情绪才能让人触动。需要解释的是，大叔这里的"真实"说的是情绪，并不是说事件的真相。

第三，迅速被点燃的情绪，也可能会被迅速浇灭。

不要靠低俗的话题激发公众情绪，虽然实现了刷屏，但很快也会被封号。试问，这种刷屏的价值在哪里？为了流量煽动公众对社会负能量事件的情绪，这种行为是不妥的。大叔建议不论是企业品牌还是个人品牌，都不能这么做！

"情绪比真相更重要"，而负面刷屏是品牌的"致命伤"。正所谓"好事不出门，坏事传千里"，移动社交媒体时代的品牌传播亦是如此。

大叔本意也是希望帮助品牌做到，让创意刷屏、让感人的故事刷屏，而不是让负面情绪刷屏。但很多事情是我们无法掌控的，当企业遭遇公关危机，尤其是被动面对负面刷屏时，公关能不能做到及时干预非常重要。

4. 危机刷屏的5个公关原则

2017年8月25日上午，一段关于海底捞的视频在网络上流传开来，在视频中我们可以看到海底捞的后厨有老鼠窜来窜去、厨具与地面清洁用具混在一起清洗、用餐具掏下水道等一系列不卫生的操作行为。

此视频一出，海底捞的形象瞬间崩塌，网上评论炸开了锅，网友讨伐的声浪一阵盖过一阵。就在大家以为海底捞这次要栽个大跟头的时候，海底捞以迅雷不及掩耳之势，在危机爆发后仅4个小时内，就发出了道歉声明并公布了解决方案：我们知道错了，接下来会改正，不会开除员工（图5-4）。瞬间挽回了被动局面。

图5-4 海底捞道歉声明

大叔看到很多网友的评论都在夸海底捞的危机公关，最经典的一句总结是"这锅我背，这错我改，员工我养"。大家都为海底捞的认错态度以及后续行动"点赞"。但大多数品牌在遭遇相似危机时，为了"颜面"还是硬着头皮否认到底，或者是把责任推给"临时工"或者第三方公司，让自己置身事外。

实际上，大叔认为，危机公关回应之前要先明确三个问题：第一是事实，即说是非；第二是规则，即里面到底有什么的对与错；第三是道德，即怎么能够让人们相信我其实是个好人。

从这三个维度来看,海底捞的道歉信写得确实不错,而大部分品牌的逻辑是:

1、能否认就否认,表述得模棱两可;

2、只承认部分事实或将责任甩给他人;

3、不表态,悄悄等待新的热点出现;

4、把道歉声明放在"犄角旮旯"的地方;

5、找"网络水军"把风头引向竞品;

6、无奈表示"我们正在遭受有组织的攻击";

……

但是,海底捞的危机公关是不是做得完美呢?大叔认为它的做法也有不妥之处,比如在后期舆论的管理上,很多自媒体和"KOL"一边倒地夸赞海底捞,却忽视了食品安全问题其实是一个餐饮企业的底线问题,这种价值观引导的方式是有问题的。随后又引发了一些媒体的公开批评,好在,海底捞后期选择了低调整改和自查的方式应对。

事实上,在危机刷屏时,有5个公关原则非常重要:

第一,危机公关体系比逆转更重要

大叔给出的建议是:专业的事让专业的团队去做。

危机公关,核心是危机公关体系的建立,而不是靠发布一份声明实现逆转。你看到的案例,其实是很难复制的,比如海底捞的危机公关案例,大家都说做得好,试想下,你能复制吗?90%的企业都不敢公开承认自己的企业确实存在这个问题,何谈逆转呢?

什么是危机公关体系?其实就是内部联动机制和外部沟通机制。

(1)内部联动机制

比如客服与公关部联动机制。如果有消费者来投诉,从电话、微博到客服受理,再到处理完毕,都要与公关部进行良好的沟通,公关部需要评估事件的严重性来倒推业务该如何进行,而不是被动地处理。

(2)外部沟通机制

比如新闻发言人制度。在很多危机公关处理中,一个最大的问题就是每个人都在发声。从领导到员工都能接受采访或在媒体上发声,这也直接导致外界接收到的信息不统一,甚至有夹杂了很多猜疑的虚假信息,最后就会问题百出。

所以,对于企业来说,一定要建立危机公关体系。市场上有专业的机构提供这方面的服务,我们只要委托它们帮助企业建立体系并保证其运转就可以了。

此外,大叔认为,内部联动机制比外部沟通机制更重要。因为危机处理的核心是事实。事实的准确性和详实性,都是影响危机处理好坏的关键依据。所以,需要根据危机所涉及的领域、边界与性质,快速调动体系内的相关人员,提供相关的事实依据,并给出相关的行业数据等。

第二,业务视角为核心比舆论管理视角更重要

这是危机公关工作开展的前提,如果业务的问题得不到解决,漏洞补不上,危机公关现象就会成为常态。所以,公关说到底只是业务的支持部门。业务上的危机,需要业务自己去解决,必要时就要壮士断腕。

如果业务没问题,那么,以业务视角为核心要比以舆论管理视角为核心更重要,因为危机处理的核心不是让舆论快速过渡和淡忘,而是要让其不影响公司主营业务的发展。

第三,聚焦危机中的主要矛盾比面面俱到更重要

任何危机必然会存在主要矛盾和次要矛盾,如果没有足够的力量均衡调配工作,就要抓住危机中的高风险、高关注的矛盾,集中力量连续化、集中化、强度化解决它。

所有的危机，爆发点都是人。甚至很多时候，爆发点都是一个人或者一批人，公关要做的就是解决当事人的问题。只要当事人的问题解决了，危机问题就解决了一大半。

第四，管理公众情绪和利益相关者同样重要

管理公众的情绪要与解决当事人以及所有利益相关者的问题同步进行。

负面刷屏一定是情绪刷屏的结果，由于很多事实呈现是片面的，是为了激发情绪而选择性呈现的。所以，公关在应对这样的危机刷屏时，在官方声明中，管理公众的情绪比单纯陈述事实更重要。

当然，管理情绪的同时，还需要平衡各方利益，危机处理中涉及的利益相关者并不是单一某个群体，很多危机往往只关注公众的情绪，而缺乏对利益相关者的综合性思考。

第五，老板是危机处理第一人

危机处理的姿态、行为、时效、表述等，都反映了企业负责人的意志、意愿。所以，企业公关的第一负责人是老板，而不是公关总监。

那么为什么在面对危机尤其是重大危机的时候，老板作为第一负责人不站出来面对媒体和公众呢？其实这件事是需要评估的。用一条基本逻辑来解释：不能一出事就把领导推出去，因为一旦出了问题，就没有退路了。老板是领导，不是危机公关专家。

所有的刷屏都是情绪推动的结果，不管是正面刷屏还是负面刷屏。在处理负面刷屏危机时，管理情绪和解决实际问题比陈述事实更重要。

互动 除了海底捞，你认为还有哪些做得好的危机公关案例？为什么？
搜索"万能的大叔"微信公众号，欢迎你关注并回复"大卖"加我的个人微信，大叔愿意回答你一个有关公关的问题。

5.5 小黑屋规则：分享链路、外链管理和阈值是微信传播的三大谜团

微信传播生态的两大特性是信息茧房和信息黑洞，尤其是信息黑洞。比如我分享到朋友圈的链接，到底谁看了，谁又转发了，这些信息很难得知。微信直到 2018 年还没有开放它的分享链路。此外，微信对于外链的管理，也在随着传播样式和媒介的不断变化而变化，虽然其变得越来越透明，但有些地方依然不甚明朗。

比如有一些高阅读量、高转发量文章，当它的转发量达到一定程度时，突破了微信的转发上限时，就会被微信限流，用户转发的信息就变成了"仅自己可见"。

微信朋友圈分享"阈值"似乎一直存在，大叔把阈值称为"小黑屋"。除此之外，微信也在不断升级相关管理规范，比如朋友圈外链等。

所以，大叔认为，微信的小黑屋规则，至少体现在 3 个方面，这也是想要刷屏的品牌必须不断研究的部分：

1. 分享链路封闭

这一点也就是所谓信息黑洞，对自媒体和企业来说，在朋友圈的任何传播，只能看到很简单的几个分享链路的维度，这是微信的第一个小黑屋规则，但好在已经有第三方技术可以部分解决这个封禁问题。

2. 外链管理模糊

微信对于外链的管理规则。比如"诱导分享"，很多 H5 在刷屏之后，就会因为这一条被封，但"诱导分享"的具体规则是什么？微信之前只是给出了一个相对模糊的表述。

3. 朋友圈"阈值"谜团

微信官方也承认有朋友圈分享"阈值"，但到底规则如何，一直没有定

论。

"网易开年大课海报"的刷屏被封禁，微信的回复是触犯了"诱导分享"规则，而"三联生活周刊海报"和"新世相营销课海报"刷屏后被微信封禁，微信的理由是"二级分销"。

实际上，这三个刷屏案例都是一个底层套路，即内容知识分销。用户买了在线课程，会生成一张专属带有二维码的海报，你可以在朋友圈和微信群进行推广，如果有第二个用户通过这个二维码购买了这个课程，第一个用户就可以获取分成。

随着"二次分销"的内容知识分销模式被微信禁止之后，就再也没有类似的刷屏案例了。这也再次证明了大叔强调的"技术"刷屏逻辑，即你越早发现和掌握游戏规则，并最早去付诸行动，你就能提早一步实现刷屏。

对于企业来说，一定要研究透微信的游戏规则，这是刷屏的必要条件。当然，还要预防你的刷屏素材，不要因为违反了微信的游戏规则，而被封禁。

随着刷屏的案例越来越多，微信也在日益完善其外部链接内容管理规范，这是一个好的现象。截至目前，你需要了解微信的以下3个外链管理规则。

1. 朋友圈外链管理规则公告

2018年5月21日，微信更新了《关于进一步升级朋友圈外链管理规则的公告》，对短视频在朋友圈的分享规则进行了修正，大叔注意到，补充公告对之前的公告的两处内容进行了调整，虽然很少，但信息量极其大。

第一，微信明确了《关于进一步升级外链管理规则的公告》的应用场景，只是针对朋友圈。也就是说，微信群和一对一分享，暂时不受限制。

第二，删除了第一份公告的第二条内容，即"外部链接不得在未取得信息网络传播视听节目许可等法定证照的情况下，以任何形式传播含有视听节目的内容。"

大叔认为，微信明确了外链管理规则使用的场景是朋友圈，这对于大叔所倡导的品牌应该积极地在朋友圈"刷屏"，获取微信免费巨大的流量和用户口碑来说，是一个所有人都应该认真学习并遵守的规则，尤其是其申诉方式和渠道。

对于删除第二条"规范视听内容传播"内容，这条是事关所有视频（包括短视频）APP能否在朋友圈被分享和传播的大事。按照之前的规定，所有短视频分享到朋友圈只能复制链接再到浏览器打开，在新规执行后，短视频在朋友圈的分享不再受影响。但是，抖音、微视、快手和西瓜视频在微信传播依然没有解禁。

2. 微信外部链接内容管理规范

《微信外部链接内容管理规范》的信息量更大，基本上涵盖了和刷屏相关的所有游戏规则。大叔强烈建议你在项目启动阶段熟读这些规范，并尽量避免。大叔举一个实际案例来说明游戏规则对刷屏的重要性。

《第一届文物戏精大会》H5于2018年5月17日晚上在朋友圈传播，并于5月18日上午呈现出非常大的刷屏趋势，5月18日中午12点，H5被微信封禁（直接屏蔽链接）。5月18日13时15分，该H5恢复正常访问，可以被浏览、转发。仅仅过去不到2个小时，该H5又被改为分享到朋友圈仅自己可见。

微信对此的解释是：H5因存在诱导分享行为，违反了《微信外部链接内容管理规范》，因此平台对其进行了处理，分享到朋友圈仅自己可见。针对此类情况，若被处理方整改完成，可申请恢复，平台审核确认合规后，即可恢复正常分享。

因此，制作方在5月18日17时01分删除了"诱导分享"的文案，并发送邮件申请解封。5月18日晚间，微信官方解封。

由于2次被微信封杀，这个H5在17个小时内的UV最终只有200万，比大叔预想要低很多。所以，这种"阶梯式"处理机制，看似比"一刀切"

更友善，但其实一旦违规被封，如果不能迅速解封，这个外部链接就会完全丧失借助每个微信用户实现快速裂变的机会，从而无法实现刷屏。

所以，大叔建议你了解清楚微信游戏规则的同时，还要设计B方案，比如替代链接，在微信无法快速解封的时候，进行补位宣传。

3. 微信小程序平台运营规范

微信对小程序以及小游戏的重视程度很高，大叔也呼吁企业应该积极拥抱微信小游戏。但是，随着微信小游戏的泛滥，微信小程序以及小游戏也都在运营规范中，明确了哪些行为属于诱导分享。

（1）微信小程序平台运营规范

微信小程序提供的服务中，不得存在诱导类行为，包括但不限于以下行为：

强制用户分享或关注：分享或关注后才能继续下一步操作。包括但不限于分享或关注后方可解锁功能或能力；

利诱用户分享或关注：分享或关注后对用户有奖励。包括但不限于分享或关注后获得礼品（包括但不限于现金、红包、实物奖品虚拟奖品等），分享或关注后会获得或增加抽奖机会；

胁迫、煽动用户分享或关注：用夸张言语来胁迫、引诱用户分享或关注；

上述诱导分享、诱导关注、诱导下载以及诱导抽奖包括直接诱导和间接诱导，包括但不限于分享后可直接解锁能力或者获得奖励；分享后可收集获得奖励、参与抽奖以及解锁能力的卡片、物品或其他条件；

（2）微信小游戏分享违规"雷区"

微信分别在2018年5月9日和17日连续发布微信小游戏分享滥用的"雷

区"公告，明确要求开发者不要触犯强制分享、利诱分享和分享滥用的"雷区"，且大叔认为还会继续有类似的规范出炉。

俗话说，知己知彼百战不殆，不管我们如何谋划，最后都是要在微信的地盘上大展拳脚，所以，吃透了微信的规则，计划就相当于成功了一小半。

互动

你的产品有没有被微信封禁过？
搜索"万能的大叔"微信公众号，欢迎你关注并回复"大卖"加我的个人微信，大叔愿意回答你一个有关公关的问题。

第 6 章

刷屏的 4 个热启动推广法

"冷启动"最早是指电脑的一种重启方式，但在互联网领域中，指的是初创企业的互联网产品如何获取第一批用户。在大部分的情况下，"冷启动"意味着在没钱、没人和没名气的情况下，怎么帮助一个产品获得第一批种子用户。

随着微信用户越来越珍惜自己的社交羽毛，用户的主动分享意愿在持续降低。所以，我们除了把内容做好，还必须重视"热启动"，即我们要把有限的费用和资源，都用在好内容上，让它实现刷屏。所以，大叔认为，在刷屏上，内容和渠道分别投入的资源比例，应该做到5∶5。

6.1 种子用户：寻找圈层最初的参与者

传播的两个核心点，一个是内容，另一个是渠道，这在刷屏传播上同样适用。只不过，由于渠道从传统的中心化媒体变成了去中心化的单个微信用户，反而渠道更容易被忽视，或者说，传统渠道没有了，大家都有点不知所措。

看完前文的内容之后，你可能会陷入两种极端：一种是只做内容或产品，好的内容自己会刷屏，因为刷屏的 6 个套路里全在说内容，完全没有提及渠道；另一种是只研究用户，因为用户参与刷屏的 7 个动力全在说用户，也没有提及渠道。

其实，大叔这套刷屏的模型叫"267543 原则"，前面只是 2675，后面还有 4 和 3。这里的"4"就是渠道。

下面，大叔从 4 个维度来具体拆解。第一个维度就是，找到圈层最初的种子用户。

所谓"种子用户"，就是第一波最早参与刷屏的用户。那么问题来了，这些人是谁呢？比如你的公司有 300 名员工，你一定要发动这 300 人参与转发。但显然，这个规模是不够的。除了发动自己的员工和亲朋好友外，大叔希望你更关注两类种子用户：一类是圈层中的社群群主，另一类是圈层中的头部 KOL。当然，这两类人存在较大的重叠度。

刷屏先要击穿一个圈层，这是刷屏的重要方法论之一，也是大叔在上文中反复提过的要点。到底该怎么击穿呢？除了在内容制作上激发一个圈层的关注、共鸣以及分享欲望外，在种子用户的选择上，我们要提前"潜入"这个圈层中，去主动引爆。

比如在"网易 2018 开年大课"的刷屏案例中，除了在传播素材中加入了听课还能赚钱的分销模式外，KOL 的圈层推广也起到了关键性的作用。

据不完全统计，在网易这个项目中，有很多学习类的自媒体帮助做分发，比如荔枝微课、星空学堂、萌新运营苑、135编辑器、创客贴、自客、鸟哥笔记等。

此外，主办方还找了在以往的一些分销课程排行榜中，排名靠前的大咖参与分销，并将这些人设置了分组进行PK，并设定了额外的奖金刺激，这些人均是运营圈的KOL。

偏运营和新媒体的学习类自媒体和运营圈KOL就是网易整个项目的种子用户，借助他们的发布和分享，网易云课堂的海报迅速在运营圈裂变，进而实现刷屏。而除此之外，在渠道方面，这次课程裂变并没有投放到任何额外的渠道。这足以说明，网易在种子用户和圈层的选择上，非常有效。

2018年1月29日，新世相做了一件"大事"。新世相从2017年100万个故事里，选出了一个最感人的故事拍成了微电影。

这个案例的起源要从2017年10月中旬，一名取名为双生椋的网友给新世相的留言说起。在一篇关于无法被遗忘的爱情主题故事分享中，这位读者留下了这样一段亲身经历：

"在中关村打车，司机通过打车软件突然发来一句话，说他长年带着老伴，问我介不介意，我说没关系。

上了车，五十多岁的司机一直在道歉。老伴穿戴得很整齐，坐在副驾驶自言自语。他说，她得了阿兹海默症，在跟车上的镜子说话。他不放心她自己在家，就每天都带着她出来工作。

我无法想象他们之前有多相爱，才会让一个人做到就算她不再认识自己，也要尽全力保护她。当司机耐心地回应她所说的每一句话时，在后排坐着的我，真的快哭了"。

和大叔一样，新世相团队和许多读者都被这个故事打动了。不过新世相的团队并没有止于眼泪,而是通过读者找到了那位出租车司机本人,对他做了一次深度的采访,然后获得了他的准许,联合演员和专业电影级团队,把这个超越时间的爱情故事拍成了故事短片。

这部7分钟的短片有一个很温暖的名字,叫《2018,生活没有那么可怕》(图6-1)。

图6-1 《2018,生活没有那么可怕》剧照

为什么会选中这个故事呢?新世相联合创始人汪再兴告诉大叔,因为这个故事太特别了,剧情特别意外,又特别温暖。

不管是自媒体还是品牌,都希望能够复制新世相的刷屏能力,比如"佛系""逃离北上广""丢书大作战"等,都是现象级的刷屏案例。在跟大叔聊起刷屏时,汪再兴是这么总结的:"真实是刷屏最重要的方法论!"

很多人以为新世相是个自媒体,或者是个营销公司。其实,它是个真实故事库。

《2018,生活没有那么可怕》就是新世相在2018年吹起"真实"营销的冲锋号,而事实证明,新世相打了个胜仗。大叔认为这段短片之所以能刷屏,不仅是因为真实的剧情与精良的制作,更重要的是新世相拥有600万粉丝,并从中培养了一批忠实的年轻用户,而这批忠实用户就是所谓的"种子用户",可以迅速地实现圈层和跨圈层扩散。这也是其能够经常刷屏的一大优势。新世相的故事库,也得益于这些种子用户在不断为其充实。

仟传网络CEO苏璇告诉大叔,社交红利现在最有效的就是"私域流量",即和私人有关的流量,比如微信一对一、微信群和朋友圈的分享,而"公域流量"采取的还是传统的一对多展示和投放方式。因为"私域流量"有朋友的信任背书,所以在社交电商中非常有效,俗称"种草"。

苏璇开发了一套系统,可以监测H5和微信小程序对于每个微信用户的分享行为所产生的影响力。下图的"Partial KOL"所展示的就是关注了某企业微信公众号的一个超级粉丝的传播作用(图6-2),从传播的圈层来看,他的个人影响力非常大,虽然他不是拥有自媒体公号的KOL,但是他所分享朋友圈的信息,甚至比微信公众号推送文章产生的影响力还要大。

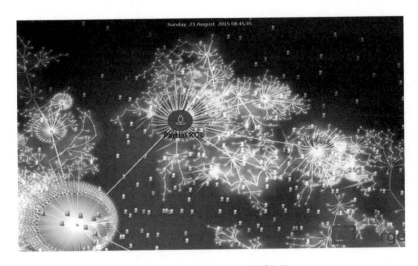

图6-2 某个超级粉丝的传播作用

在电影《我不是药神》中,程勇从印度走私运回第一批"印度格列宁"时,本以为能顺利销售,没想到即便他与吕受益百般推销,也根本没人相信他们,更别说卖了。最后,他们找到了病友群群主刘思慧。刘思慧凭借自己群主的身份,向大家推荐这种药,才让大家认可了"印度格列宁"。虽然这是电影里的情节,也不是互联网营销案例,但见微知著。种子用户在"热启动"中起着关键作用,尤其是社群群主和头部 KOL 的影响力更加巨大。

 你有没有接触过社群群主或头部KOL?你对他们的影响力有何见解?搜索"万能的大叔"微信公众号,欢迎你关注并回复"大卖"加我的个人微信,大叔愿意回答你一个有关公关的问题。

6.2 连接者:找到跨圈层的合格连接者,就相当于找到了跨圈层传播的关键所在

什么是连接者?就是可以帮助传播素材实现跨圈层传播的用户。如果你希望传播的信息通过刷屏能让更多的人知道,就必须要跨越圈层。

无论是现实社会的人,还是微信的用户,每个人都有"多重身份",比如大叔我既是中年男性,也是一位新晋的"奶爸";既是公关从业者、自媒体 KOL,也是减肥达人、痛风患者……但不管每个人的身份是什么,大家都有一个共同的身份,就是"媒介"(传播者),因为人人都是媒介。

在《引爆点》里,马尔科姆·格拉德威尔将人分为三种,分别是联系员、内行和推销员。

联系员是连接枢纽,拥有丰富的人脉资源,并且乐于介绍自己的朋友相互结识;内行是某领域专家,擅长并热衷用专业知识为他人答疑解惑;推销员是销售高手,大家都愿意听他的建议或者买他推荐的产品。

在书中,格拉德威尔描写了一位他在芝加哥的朋友:洛伊丝·韦斯伯格,她涉足过 8 个领域,即演艺领域、写作领域、医务领域、法律领域、公园保护领域、政治领域、铁路保护领域以及跳蚤市场领域。当格拉德威尔请韦斯伯格本人说说自己涉及的领域时,她又新加了两项当时正在涉足的建筑领域

和礼仪领域。但如果你仔细研究韦斯伯格生平的话，就会发现她说10个领域可能是在自谦了，因为在她的经历中，涉及了远不止10个领域，大概是15~20个领域，但是这些领域并不是互不相干的。

韦斯伯格就属于"联系员"。所以，格拉德威尔认为，联系员其中的一个特点是：涉及领域方方面面，最后将所有领域连接起来。

大叔说的连接者就是指像韦斯伯格这样的"联系员"，这是跨圈层传播的"关键人物"。问题来了，大叔详细介绍过，微信传播像是一个小黑屋，传播的链路基本都是封闭的，怎么才能找到"关键人物"呢？

仟传网络CEO苏璇的做法是：在传播素材中（小程序和H5）加入自己的代码，并得到微信用户的授权，从而可以实时监测传播素材在微信生态的传播链路，包括圈层和关键人物。

上图是苏璇帮助某企业开发的、在微信进行传播的图谱（图6-3），他认为，图示的"connector"就是连接者。他（她）可能只是一个非常不起眼的一个人，但是这个人把信息从一个庞大的社群或者圈层(右侧部分)，传递到了另一个庞大的社群或者圈层（左侧部分），从而实现了跨圈层的传播。单看这个人的环状图，他（她）的个人影响力并不大，但是对整个微信的传播来说，则有巨大的价值。

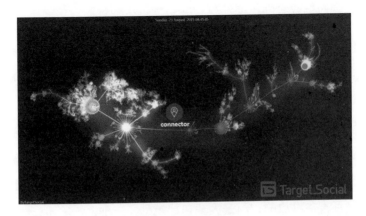

图6-3　微信传播图

目前，这套工具已经被很多企业用于包括对内和对外的 SCRM（社会关系管理），让所有企业在数字营销上的投入——尤其是在微信端的投入，看到真实的效果。

大叔觉得，任何一个成功实现跨圈层传播的案例，都离不开一些关键人物，即拥有多重身份者。他（她）的分享，连接了两个或者多个圈层。当然，负面刷屏也算刷屏。找到跨圈层的合格连接者，就相当于找到了跨圈层传播的关键所在。

利用仟传网络的技术，找到你的某次传播中的连接者。
搜索"万能的大叔"微信公众号，欢迎你关注并回复"大卖"加我的个人微信，大叔愿意回答你一个有关公关的问题。

6.3 自媒体大号：策略匹配才能刷屏

大叔多次强调自媒体推广的重要性。我们说微信是圈层化的人际关系架构，而自媒体和社群则是圈层化的两个典型"产物"。

以大叔为例。我运营"万能的大叔"微信公众号 4 年了，期间推送了近千篇原创文章，内容聚焦于新媒体、公关和营销，拥有 20 万粉丝。大叔的每一次文章推送，都会触达这些圈层的用户，读者会把文章分享到自己的朋友圈、工作沟通群或者同行交流群，并引发更多的讨论。

最关键的是，自媒体除了能够做信息触达之外，还能输出观点，引发讨论甚至是争议，这就可以让用户产生参与分享和讨论的动力，比如话题点、认同感、情绪化甚至是剧情反转。大叔在百雀羚"一镜到底长图"刷屏事件中，就扮演了这样的角色。大叔针对此事写了一篇评论性文章，输出了自己的观点，引发了用户的讨论，不仅在 24 小时内突破了"10 万+"的阅读量，而且令百雀羚当天的微信指数上涨 79 倍，实现了跨圈层刷屏。当然，这篇文章并不是百雀羚投放的，而是大叔自己搅动了一池水。

对于企业来说，想要制造刷屏，必须要重视自媒体。但企业要对不同类型的自媒体区别对待，大致可以分为以下 4 类：

1. 流量型大号

粉丝基础较大，至少要有百万粉丝的才算是流量型大号。如果你已经制作了素材，那就可以让这些大号做信息的触达和传播的热启动。比如网易云音乐的"乐评地铁广告"，最开始其实广告就在杭州投放了一节车厢，目的就是为了拍照片制作素材，再拿到社交媒体进行二次传播，第一波的信息触达也是通过流量型的大号，因为对于公众来说，现场发现这个广告的概率太低了。

2. 原创类大号

原创类大号的粉丝基础可能不大，但它们属于某个领域的专家，文章基本都是原创，且其中的观点也经常被引用。比如"万能的大叔"就是公关领域的专家，公关圈出了什么大事，大家都想听听大叔的见解。

观点的交锋，可以帮助刷屏打破时间的限制。当然，一些创意类的自媒体，可以凭借自己的创意能力，在实现触达的同时，引发讨论。比如"局部气候"，就是百雀羚的创意长图的作者。由于微信的去中心化传播方式，对于拥有原创能力的大号来说，粉丝基础不是关键，更重要的是原创的内容可以在朋友圈和微信群刷屏。

3. 头部自媒体大号

微信公众号的注册量虽然超过了 3 000 万，但有千万粉丝的公众号很少，而那些拥有千万粉丝的微信公众号就是所谓的头部自媒体大号，比如咪蒙、新世相。一篇文章发出既能瞬间突破 10 万、100 万的阅读量，又能引发部分讨论，如"你看，××又在咪蒙投广告了"。但头部自媒体大号的广告投放价格不菲。

4. 媒体号

传统媒体是唯一具有公信力的媒体，这是自媒体所不具备的。所以，传统媒体对一个事件的发声和定调，对整个事件的传播非常重要。因此，媒体号并不能单纯地看它的粉丝数和阅读量，更重要的是媒体的分量和观点，比如《人民日报》和《新华社》的微信号，就是最具有影响力的媒体号。

这四类自媒体大号到底应该按照什么比例投放呢？大叔给出两个建议：

1. 确定传播素材

首先，要确定你传播的素材。如果是 H5 和微信小程序，大叔不建议用流量型大号，可以直接投放在朋友圈 KOL。因为 H5 和微信小程序更需要朋友之间的互动。在流量积攒起来后，流量型大号的主要工作就是制造话题。

下图是某电商巨头在 2017 年"六一"儿童节在微信投放的一个 H5（图 6-4），整个传播周期，有两座"山"，第一座小山是投放流量型大号的数据表现，效果很不理想；第二座大山是投放朋友圈的 KOL 数据，结果带来了巨大的流量。

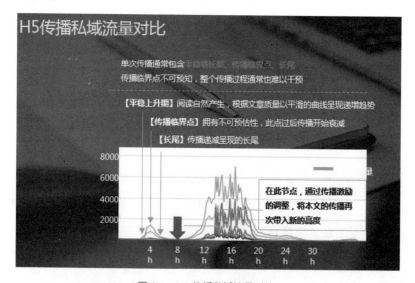

图 6-4　H5 传播私域流量对比

2. 根据需要投放

如果你更需要流量,那就找流量最大但价格最低的流量型大号;如果你希望引起话题讨论,那就找原创类大号。

归根结底,我们要重视自媒体大号,但也不能一味依赖自媒体大号,要根据自己的实际需要合理选择。

为你的品牌选择至少五个可能产生合作的自媒体大号。
搜索"万能的大叔"微信公众号,欢迎你关注并回复"大卖"加我的个人微信,大叔愿意回答你一个有关公关的问题。

6.4 微信社群:提升规模感,对抗刷屏的不确定性

说完了微信圈层化的第一个产物"自媒体大号",大叔接下来说说微信圈层化的第二个产物——社群。

以大叔为例,"万能的大叔"团队目前运营了超过50个微信社群,覆盖公关、营销、新媒体等多个领域。同时,在我国的每一个省会城市,都有一个以地域为核心的本地社群。如果暂时不去统计重复问题,大叔社群的人数有超过1万人,而这群人又同时是大叔公众号的粉丝,借助这些社群的传播,就可以帮助素材非常快地击中一个圈层。

2018年1月16日网易云课堂的"开年大课"《2018开年第一课:网易运营方法论》开售,采用了三级分销模式,迅速在朋友圈形成刷屏。在课程开售后仅仅12个小时,这款售价39.9元的课程就吸引了超过13万人的参与。直至1月17日10点10分左右,网易"开年大课"的课程链接和二维码被微信封禁,这场刷屏才停下了脚步;10点30分左右,课程链接解除封禁,但分销模式介绍却没有了;11点15分左右,课程二维码再次被封禁;11点30分左右,荔枝微课下架了网易"开年大课";12点00分左右,全部恢复正常。

网易"开年大课"刷屏两次被封禁,难道这个课程真的有这么大的魔力

吗？其实，每个巨大的刷屏事件，都不是偶然发生的，除了网易良好的品牌势能、精准的课程定位、圈子效应、分销返佣的模式、低廉的产品定价、众多的渠道合作、准确抓住了大众知识学习的焦虑心理之外，还有一点非常重要，那就是通过社群准确触达垂直圈层。

网易"开年大课"是什么课？是专门为运营人剖析网易刷屏方法论的课，面向的就是运营从业者。做运营的有什么特点？运营工作者运营的微信群非常多。这样的抱团属性，使得运营圈里天然带有裂变基因。一个运营工作者把网易"开年大课"分享到自己的群里，就瞬间触达十几个运营圈的群，然后这些群再不断裂变，触达的个体数自然呈几何式增长。

社群裂变，这是网易"开年大课"在12小时里就有13万人参加的必不可少的因素。

对于推广的量级，新世相创始人张伟用一个名词概括，叫"规模感"。他认为，所有传播应该从四个维度提升规模感，分别是空间、数字、品牌势能和冷启动。我们不难看到，这个观点在新世相的多个刷屏案例里充分实践了。大叔认为，社群推广的目标不仅是精准聚焦在一个圈层，先击穿一个圈层，其核心目标应该就是提升规模感。

简单做个总结，刷屏确实存在偶然性，所以我们所有的工作和付出其实就是在对抗这种偶然性，让传播能够按照我们预定的方向去刷屏。"冷启动"完全靠的是偶然性，而"热启动"的价值在于"花小钱在最有价值的渠道"上，千万不要把"社会化传播"完全等同于"不花一分钱的自传播"。

> **互动**
> 你有社群吗？你所在的社群中有没有刷屏案例？
> 搜索"万能的大叔"微信公众号，欢迎你关注并回复"大卖"加我的个人微信，大叔愿意回答你一个有关公关的问题。

第 7 章

刷屏的 3 个监测工具

刷屏不能仅靠观察或者靠感觉来判断,更需要数据的验证和指导。在本章节,大叔重点介绍刷屏的3个监测方法论,分别是热点监测、数据监测和分享监测,以便我们从抓取热点、传播监测等方面全面建立数据模型。

7.1 热点监测：与大众形成"命运共同体"

所谓热点监测，就是在进行任何刷屏之前，都要对当下的热点进行收集和分析，目的是为刷屏提供内容源和话题源，有点像传统媒体经常开的选题会。新世相是新媒体的活跃大号，创造了很多经典的刷屏案例，新世相提出的理论是：要想刷屏，必须要与大众共建"命运共同体"，能够与这个时代产生共鸣。

提起新世相，想必大家都不陌生，这个由前《GQ》副主编张伟于2015年10月创办的微信公众号，在短短3年的时间里，创造出众多教科书般的刷屏案例。从张伟的个人微信公众号到现在的内容生产前端，新世相俨然已经成为头部自媒体大号，但其实新世相团队在做"逃离北上广"之前，差一点"死掉"；在做"丢书大作战"之前，受到了极大的质疑，而"丢书大作战"的筹备时间仅有6天。

新世相有一个"高频词汇库"，在这个词汇库里有失恋、离婚、大城市的房价、求职困难、中年危机等词汇，这些日常的焦虑困惑和迷茫，并且大家每天都在谈论的话题，就是高频话题。从这些高频话题中提炼的素材，想不火都难。

大叔觉得，不管你是否生产内容，要想刷屏，都要像新世相一样，善于发现并利用热点，最好是建立并拥有自己的"热点词汇库"。

那么问题来了，如何准确监测到热点呢？大叔认为，以下几个渠道非常重要：

1. 社交媒体

微博的热门话题榜、微信"搜一搜"里的"微信热点"，还有微信"看一看"。当然，还包括微信的群消息、朋友圈、自媒体大号、抖音热搜、知乎热榜……这些都是监测的有效渠道。

比如2018年8月13日的微信"搜一搜"里的"微信热点",其中一条是"人贩子骗术曝光"。我们点进这条热点,除了相关新闻报道外,在文章一栏中,有很多相关文章。这些文章多数集中在8月12日和13日这两天发表,其中新华网发布的一篇题为《50个孩子测试,42个被"拐走"!人贩子新型骗术曝光,警惕!》的文章,阅读量更是突破了"10万+"(图7-1)。那么,当我们面对这样一个热点,并且是权威媒体已经发表的相关素材时,就可以立即跟进。

图7-1 新华网文章的阅读数

2. 搜索引擎

监测的有效渠道有百度搜索风云榜的"实时热点""百科热搜"、各大浏览器的首页新闻推送等。

查看百度搜索风云榜的信息,你直接在搜索引擎里搜索就能看到。点进风云榜，我们能看到非常详尽、全面的搜索热点，比如实时热点、七日关注、今日上榜以及各门类的搜索热点（图7-2）。

图7-2　2018年8月14日的百度搜索风云榜页面

3. 新闻媒体

监测的有效渠道有门户网站的要闻区、通过APP推送的消息等。需要注意的是，一般情况下，如果不是涉及重大的事项，门户网站的跟进速度并不是最快的，反倒是垂直媒体对热点的跟进会更为及时一些。

比如在2018年8月13日下午5点30分的搜狐新闻APP内的热点页面（图7-3），我们可以看到最新更新内容的时间是16点37分，与其他渠道的实时热点略微脱节，并且这条内容是吉林长春长生生物问题疫苗的相关新闻，属于重大社会新闻。搜狐的热点页面这类新闻占了大多数，要想第一时间看到其他领域的热点信息，最好从别的地方入手。

图7-3　2018年8月13日下午5点30分的搜狐新闻APP内热点页面

4.日历

如果你想做节日营销或者节点营销,最好还是看看日历,农历和公历都要看,别弄错了时间。

大叔之前说过,热点的"保鲜期"很短,很多时候,如果你没有监测到热点,反应缓慢,就很容易失去跟进热点的机会。所以,我们不仅要紧跟热点,还要监测热点,随时获取第一手信息。

你有"热点词汇库"吗?你的词汇库里有哪些词汇?
搜索"万能的大叔"微信公众号,欢迎你关注并回复"大卖"加我的个人微信,大叔愿意回答你一个有关公关的问题。

7.2　数据监测:识别数据造假是基本功

数据监测,顾名思义就是要对刷屏的具体数据和影响力做数据化的评估。那么到底如何操作呢？为了解决这个问题，大叔特意准备了一套更适合移动社交媒体传播的评价体系。

具体而言，数据监测的维度包括以下3个：

1. 刷屏素材本身的传播数据

比如PV、UV、VV等，还有其分享人数、次数和层级等。

比如新世相在2018年8月9日推送的一篇题为《成年人能逮住的自由，只有一点点》的文章，在文章最末显示的阅读量是"10万+"（图7-4），这是一个非常重要的监测数据。

同时我们可以注意到，在右下角还有一个点赞数。其实，相比阅读量，点赞数是衡量一篇微信公众号文章更客观的数据。毕竟阅读量只要用户打开这个页面就算一次，但他有没有读完，谁也不知道，且存在数据造假的可能性。而点赞数是需要用户实实在在的操作，可以较为真实地反映用户对这篇文章的认可程度。

2. 刷屏的话题量

话题量包括但不限于对关键词在搜索引擎的拉动力、在社交媒体的讨论量，以及自媒体和媒体的跟进报道

图7-4 新世相文章的阅读数

的数量等。可以收集这些数据的渠道有微信指数、微博指数、头条指数、百度指数和新榜等。比如新榜有一个付费的服务，可以查询有多少微信公众号写了同一个话题的文章。

3. 防刷监测

既然要掌握数据，那么我们就必须要知道素材传播数据的真实性，不要被某些自媒体或者乙方公司通过刷数据的方式欺骗了。现在，考拉心电图等很多第三方监测平台都支持分钟级的阅读量监测，如果是人为刷的数据就会出现两个现象：一是分享数不高；二是数据的上升曲线出现突然的增长后，就又基本停滞了，说明没有二次传播（图7-5）。

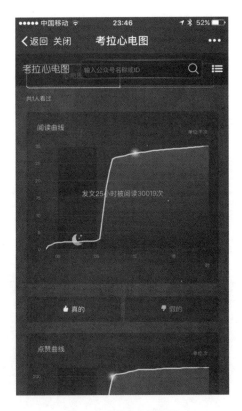

图 7-5 考拉心电图数据

数据是一面镜子，可以最直观地反映出刷屏的影响力。要想对刷屏了如指掌，我们就必须学会甄别哪些才是真正的"镜子"。

> **互动**
> 你知道哪些可以查看后台数据的工具？
> 搜索"万能的大叔"微信公众号，欢迎你关注并回复"大卖"加我的个人微信，大叔愿意回答你一个有关公关的问题。

7.3 分享监测：比点击数更重要的是分享

点击数只是微信数据中的冰山一角，对于传播者来说，我们要重点关注的是微信传播生态中的分享数据，关注以下两大维度：

1. 刷屏素材的分享数据

这个维度特指刷屏的素材，比如微信小程序和 H5 在朋友圈被分享的数据，尤其是传播的层次。虽然截屏或小视频更适合在微信生态传播，但遗憾的是，目前还无法统计到此类素材的分享数据。

到底怎样才算是一次好的传播呢？下面的两张图，就分别代表一次不好的传播和一次好的传播。

第一张图是某银行的一次微信活动的传播图，每一个点代表的是一个参与传播者或者是看到这个内容的读者。从这个图可以看出，传播呈现非常明显的中心化，没有二次、三次的私域流量的传播，所以可以得出结论：内容不好，没人转发（图 7-6）。

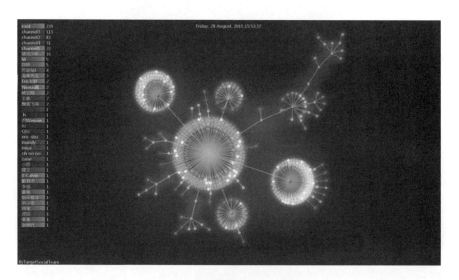

图 7-6　某银行微信活动传播图

第二张图是一个很好的传播案例，因为传播的层级很多，而且看得出来很多传播链条是逐步加强和放大的，而且这个放大的过程是自然过程，并不是付费自媒体大号推波助澜的过程（图7-7）。

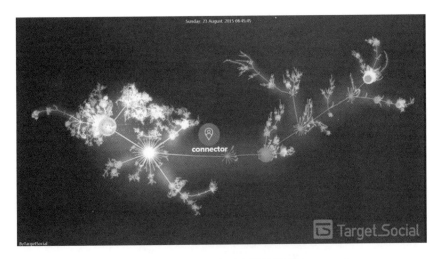

图7-7　某成功刷屏案例的传播过程

2. 微信公众号文章的分享数据

自媒体发布的文章，可以在后台看到分享数据，包括分享的人数、人次和层级，并且可以以天为单位统计。此外，我们还能看到单独来自朋友圈的阅读量。这个传播体系已经发展得比较成熟，我们可以直接在微信公众号的官方平台查看相关的分享数据。

大叔认为，要想刷屏，就必须有传播；要想传播，就必须有分享。所以，分享数据是刷屏能否成功的关键数据，而素材被分享的时间、数量、路径等都是刷屏的关键所在。

看一下自己所发素材的分享数据，再对比"10万+"级别爆款文章的分享数据，两者之间有什么差别？

搜索"万能的大叔"微信公众号，欢迎你关注并回复"大卖"加我的个人微信，大叔愿意回答你一个有关公关的问题。

第8章

刷屏模型"267543"
实操案例:达康书记《安全的名义》

"267543模型"已经为大家全面展示过了,接下来大叔就用自己亲自策划的"达康书记"的案例,结合此模型来一一拆解与分析,进行模型全盘实操讲解。

其实，本书一开始就提出了这样一个问题：刷屏到底能不能复制？大叔的答案是：可以！就像好的广告创意一样，如果你去倒推它产生的逻辑，一定存在很多共性的地方。虽然我们无法复制他人的创意，但我们可以复制成功的刷屏逻辑。其实这本书就是在不停地从最新的刷屏案例中总结规律，然后再反复验证，不停地修正逻辑从而得出方法论。

大叔总结的刷屏"267543"模型，分别是：

2个内核：圈层和人性；

6个套路：技术刷屏、产品刷屏、素材刷屏、情绪刷屏、要事刷屏和热点刷屏；

7个动力：优越感、认同感、趋利性、好奇心、仪式感、吐槽点和参与感；

5个底层传播逻辑：无图无真相、一夜保鲜期、剧情反转、情绪管理真相、和小黑屋规则；

4种热启动：种子用户、连接者、社群和大号；

3个监测方法：热点监测、数据监测和分享监测。

完整的流程如下：

明确目标→监测+洞察+植入→找个套路→设计动力→想明白特性→设置热启动→灰度测试→数据监测→快速调整→明确目标（循环）（见图8-1）。

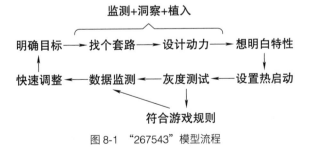

图8-1 "267543"模型流程

大叔先简单解释一下该怎么运用这套模型。

1. 明确目标

我希望通过刷屏实现什么？是获客？是品牌曝光？是产品曝光？还是强化产品的某一个功能点？记住，目标一定是商业目标。

2. 监测和洞察

根据你的商业目标，看哪些热点和话题是人们在讨论的，从中提选出最具有共鸣的洞察点。

3. 找个套路

基于你的热点监测和用户洞察，从 6 个套路里至少挑选一个，这个套路可能是你最擅长的，或者与你的传播目标最符合的，然后去想创意、故事和品牌该如何植入。

4. 设计动力

在用户参与刷屏的 7 个动力里，尽量多地让你的刷屏素材拥有这些动力。原则上，激发用户参与刷屏的动力越多、越强，刷屏的成功率就越高。当然，如果你能把一个动力发挥到极致也可以。

5. 想明白特性

刷屏的 5 个特性是几乎所有刷屏案例的通用特性，利用好了，事半功倍；然而要是触及雷区，就很容易被封禁或者变成负面刷屏。所以，不仅要尽可能去利用这些特性，更重要的是评估风险，比如怎么避免触犯"诱导分享"的规则。

6. 设置热启动

大叔说过，别老想着把你的链接丢在朋友圈中，它自己就能刷屏。你必须重视推广渠道，打造规模感。要选择好你的种子用户、KOL、社群和媒体，通过裂变至少先引爆一个圈层，再去尝试跨圈层的刷屏。

7. 数据监测

在正式投放之前，要做用户测试和预埋数据监测，用多个数据维度去做实时评估。刷屏的路径是否在为目标服务？刷屏的效果如何？然后根据数据进行快速调整。

8. 快速调整

根据数据监测及用户反馈等情况，进行实时地快速调整，是非常有必要的。

这里结合一个大叔操盘的"达康书记"的具体案例，来详细说明下（图8-2）：

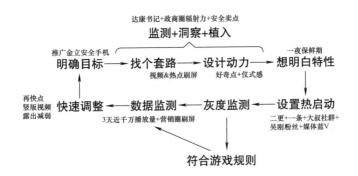

图8-2 "达康书记"案例的"267543"模型流程

1. 明确目标

在做这次传播时，我们明确了一个目标：就是借着《人民的名义》这个2017年最火的电视剧，推广金立的安全手机。为什么要找剧中的"达康书记"呢？不仅是因为他火，还有一个重要原因就是这部电视剧对标的政商人群以及"达康书记"的形象都与金立的品牌形象和安全手机的产品定位十分符合，而隐私安全是互联网的一个痛点，这是洞察点。

2. 找个套路

套路很简单，因为《人民的名义》是电视剧，我们就接着做一个续集，用视频的载体和相似的故事将"达康书记"形象还原，追逐这个热点。

3. 设计动力

在用户参与刷屏的动力方面，我们把重点放在了 IP 身上。"达康书记"这么严肃、正派的一个人，他接的第一个广告是什么？该怎么拍？用户是有极大的好奇心的。当然，用户的好奇心还来自于"达康书记"和社会化传播的冲突感，我们要对剧情进行把控，怎么把"达康书记"的严肃与产品的安全卖点结合地很自然，同时还能让用户感到生动有趣。除了视频，我们后续也推出了"达康书记"的广告版"表情包"。当然，在整部短片中，我们的剧情、人物、道具都在还原《人民的名义》的场景，让整个广告极具仪式感。

4. 想明白特性

在刷屏的特性方面，我们面临的最大挑战就是时间，即"一夜保鲜期"。《人民的名义》火了一个多月，马上要迎来大结局了，不可能继续火下去了。所以，既然我们拿到了这部剧的最大 IP，我们就要动作快，越快越好。事实也证明，金立的动作是最快的，后面再跟进的一些案例基本上都没有实现刷屏。

5. 设置热启动

视频拍摄的同时，我们也在寻找推广的渠道。"达康书记"的粉丝非常重要，这类人群忠诚度高、且辐射的圈层更广。我们还联系了当时最大的两个视频类的自媒体，一条和二更；由于要覆盖政商人群，我们专门找了很多经过平台认证的媒体；由于要击穿营销圈，于是，大叔专门在自己的 5 000 人微信社群中进行了推广，这些人全是营销、广告、公关、市场及新媒体圈的从业者。

6. 灰度测试

测试方面的重点在视频流畅度上。实际上，我们做了两个版本的视频，一个是竖版视频，另一个是横版视频。从后面的总结来看，应该坚定不移地推广竖版视频，因为在手机浏览时，场景感更强。

7. 数据监测

项目上线后创造了3天近千万的播放量，这个视频在营销圈刷屏，大家都认为，"达康书记"和金立的合作非常符合双方的品牌调性，也给金立产品的安全属性加了很多分，而政商圈则几乎没有人不知道"达康书记"代言了金立手机。

8. 快速调整

最后的快速调整方面，我们自己总结了3点可以优化的地方：

（1）动作可以再快些，签下"达康书记"的扮演者吴刚老师的时间可以再早一些，虽然我们已经比友商早了一步；

（2）坚决推广竖版视频；

（3）视频中植入广告再少一些，并再晚一些让品牌露出，可能这个案例会更爆。

最后，对于这套模型，大叔希望你注意5个重点：

第一，明确目标和设计路径要一致，要反复推理，快速调整，传播永远是动态的；

第二，选择6个刷屏套路时不要执著于选出最好的，只要选出最适合的，尤其是要兼顾用户洞察、品牌植入注意度等问题；

第三，设计7个用户参与刷屏的动力时，卷入用户越多的动力越好，当然，你把一个动力发挥到极致也行；

第四，对于5个刷屏的特性，有些要利用好，要预埋，有些应避免；

第五，热启动时注意打透圈层和规模化。

公关或者新媒体营销说到底是一门实践课程，因为很多坑需要你亲自去踩，才知道下次该如何避免，很多公关的知识必须在实践中重新学习。而学校里教的很多公关知识都是严重滞后的，因为媒体时时都在发生翻天覆地的变化。但是不是做公关就不需要理论体系呢？当然不是，我们需要的是不停地更新公关的理论体系，刷屏也是如此。所以，墨守成规的做法并不可取，大叔与你一样，都要不断学习和进步。

《安全的名义》（关注"万能的大叔"微信公众号，回复"达康"，收看完整版短片）

互动 你有没有策划过成功的"借势刷屏"案例？你的具体执行流程是怎样的？如果不是借势刷屏，那么你的执行流程又是怎样的呢？

搜索"万能的大叔"微信公众号，欢迎你关注并回复"大卖"加我的个人微信，大叔愿意回答你一个有关公关的问题。

第9章

独家对话十大全民级品牌刷屏案例操盘手

> 近年来,市场上涌现出了无数经典的刷屏案例,大叔请到了2017年和2018年十大品牌刷屏案例的幕后操盘手,与大叔展开一对一的对话,深入拆解每一个刷屏案例背后的故事。这是全平台的独家报道,仅在本书中呈现。
>
> 查看十大刷屏案例,关注"万能的大叔"微信公众号,回复"案例"索取。

9.1 网易

项目介绍

大叔提到过，2017年刷屏最多的品牌不是杜蕾斯，而是网易。大叔认为网易的厉害之处在于能够持续产生可刷屏的爆款内容，可见网易有一套自己的制造爆款的方法论，那到底是什么呢？

在36氪"开氪"专栏《刷屏的18条方法论》中，大叔曾请到了网易刷屏幕后操盘手——原网易公司市场部总经理袁佛玉女士，分享了网易刷屏背后的秘密及其对刷屏的看法，这次分享受到了读者极大的欢迎，许多读者针对袁女士的回答及网易的刷屏案例，又提出了新的问题。

在本书中，大叔又邀请袁佛玉女士进一步深挖网易刷屏的秘籍，并请她回答了部分36氪读者的提问。

人物介绍

袁佛玉，2000年考入清华大学电气工程及其自动化专业，曾先后就职于宝洁公司、东风标致汽车公司，2012年，袁佛玉加入网易公司，担任网易市场部总经理，负责网易公司旗下多款移动互联网应用产品的市场营销工作，策划参与了多个刷屏案例。2018年7月，袁佛玉加入百度公司，任副总裁，分管公关和市场。袁佛玉在快速消费品及耐用消费品行业的品牌上，有丰富的公关、互动、媒介、活动经验。

独家对话

（前6个问题，来自36氪读者）

1.36氪专栏有一位读者，也是一家知名快消品企业的高管。他听完您的观点后把网易过去几年刷屏的案例和各种分析文章都收集并浏览了一遍，最后得出了一个结论："IP收割""戏精故事"和"丧文化"是网易刷屏的精髓，您认同吗？

袁佛玉：好的营销效果精髓在于对用户的洞察是否准确，"戏精故事"和"丧文化"，只是一个阶段性的用户情绪或者用户喜欢的表现形式。"IP的制造和收割"，则是一种更立体的系统性工作。

用户情绪和他们所喜欢的表现手法会持续发生变化，所以，营销传播的精髓在于洞察并理解当下用户的情绪，并以最合适的传播方式进行引爆，这也是在变化环境中，营销人所需要保持的核心能力。

2. 一位读者听了您的分享至少5遍，他对您总结的网易刷屏的秘诀之一——"真实用户洞察"特别感兴趣，尤其是那句"超过95%的营销方案都不是来自真实的用户洞察"。所以，他问了很多比较细节的问题。

（1）你们怎么定义"用户洞察"？

（2）怎么判断是不是伪洞察，如何验证？

（3）发现一个真实的洞察，到推出一个营销案例，中间的流程大致有哪些？部门内部如何分工？从筹备到执行的周期是多久？

袁佛玉：我个人觉得最好的用户洞察是发现那些潜在的、用户尚未察觉的，或潜意识里认为不可解决的痛点。

对用户洞察的验证，要相信科学的调研方法，也要保持对人、对生活的直接感知力。

发现一个真实的用户洞察之后，要抓住核心创意表现以及高效的传播路径两端。确定有符合产品核心价值且有强传播潜力的创意，同时设计最适合的传播路径，包括如何确定每个传播项目的种子用户，如何设置恰当的社交社群扩散机制，以及使用恰当高效的媒介组合。我们操作的大部分项目是在一个较为长期持续的策略之下，然而单个项目的执行往往是快速、及时的。

3. 网易如何界定用户圈层？（大叔备注：您提到刷屏的一个秘诀就是要

在一个明确的圈层中引起自传播,我看到在之前的采访中提到过"中年油腻男"的案例,能否结合网易刷屏的案例,具体分析一下?)

袁佛玉:用户圈层,是基于社交强关系和兴趣弱关系来划分的,而不是传统意义上简单的依靠年龄、地域、职业等标签来划分。

网易考拉的 Julia 系列,就聚焦于初入办公室职场这个同业圈层。职场不仅占据了生活中的主要场景,也成为情绪制造器。他们渴望成功,可是又不想牺牲生活质量来加班。遇到困难分分钟想辞职,可回到现实中又得咬紧牙关。网易考拉 Julia 系列从入职第一天、入职半个月,再到想辞职,故事化演绎初入职场人的心路历程。这一系列情感的营造,都是在让我们目标的圈层用户更加"立体",有时候圈层用户是可"雕塑"的,我们要学会挖掘他们。

圈层正在从可视化到抽象化,这个抽象化可能体现在审美、消费价值观、生活方式、自我价值实现等更多精神层面。有时候不是我们圈定圈层,当我们掌握了一个存在的群体性情绪,很可能就找到了一群圈层用户。

4. 网易是如何选择种子用户,并进行触达的?(大叔备注:是会有一个种子用户投放的池子,还是让刷屏的素材自动去寻找对自己感兴趣的用户?)

袁佛玉:前者。前面提到一个好的营销应该始于一个明确人群真实的洞察。所以可以理解为我们的传播通常始于一个真实的、要沟通的人群和圈层。那么这个传播项目的种子用户就是对这个目标人群最有影响力的人。只要始终保持传播逻辑和目标用户清晰,这是不难找到的。

5. 一位读者可能供职于汽车品牌,他留意到您也在汽车品牌工作过。他的问题是:汽车品牌的用户洞察、内容打造和跨圈层沟通,与网易这样的互联网公司有什么本质区别吗?

袁佛玉:从方法上没有太多差别,在实操上有差别。互联网公司的互联网业务使其拥有更多跟用户发生即时互动的方式和平台，在对用户的理解上可能更有优势。

6. 一位读者来自国内知名的钻戒品牌，网易是否接受其他品牌联合营销，对与品牌联合营销有没有门槛限制？

袁佛玉：大家从近些年网易的营销执行项目上可以看出，跨界联合营销是网易采用比较多的方式。

联合营销的前提是，品牌之间拥有想要共同影响的圈层人群。对网易而言，我们同时关注品牌的联合能够为用户提供明确的、额外的价值，同时能够有创新的玩法。用户价值和方式的创新性是我们最为关注的。

7. 我有一个观察，您也提到了，现在的营销必须要重视人，因为人变成了媒介和流量入口，而"情绪"往往是打开这个入口的一把钥匙。您认同吗？如果认同，请问网易是怎么处理情绪、用户洞察和圈层，这三者之间的关系，能否举个例子？

袁佛玉：我强调营销或者任何的工作需要给用户带来明确价值。不要为了营销去打扰用户。价值包括情感、情绪，也包括物质性、功能性利益等。

关于情绪、用户洞察和圈层，一个品牌的目标用户分哪些圈层是基础策略型工作，始于理解自己的品牌在功能和情感层面到底能为用户带来哪些价值，以此来搜寻品牌可以服务的用户有哪些人群，也就是哪些圈层。分圈层去理解他们需要我们的产品是基于什么洞察需求，最后找到一个好的创意或机制来撬动这个情绪。

8. 您有一个观点是营销的本质是用户心智管理，营销的关键是对用户注意力的影响，这是否就是在说情绪？还有其他因素吗？

袁佛玉：用户心智是营销综合工作的结果。你希望用户如何理解和认知你的品牌，以此为工作的目标来倒推安排你的工作。

9. 我发现一个现象，好像只有网易的新媒体营销的热度与其销售和用户增长数据成正比，取得这个效果很难得，因为很多社会化传播仅能做到"叫好"，离"叫座"尚有距离。这也是所有品牌都想学习网易的地方，请问，你们有什么数据工具或者模型，来促成这个效果呢？

袁佛玉：其中的关键点是，始终以产品价值和用户为中心，营销本身是工具，是手法。如果一个想法或创意特别厉害有趣，但和产品的核心价值关联有限，那我们会选择不做。反之，如果一个方案和产品的核心价值特别吻合，那我们就会尽可能优化这个方案并执行。

10. 您提到网易市场部的人经常要做用户访谈，其实我相信99%的公司都会做用户调研，但为什么只有网易每一次都能够击中一个痛点上？请问这里有什么秘诀吗？

袁佛玉：营销人员要关注用户提及每个需求背后的动机，而不是用户所表述的需求本身。

11. 您有一个观点是营销团队要向产品经理一样，比如要为产品设计社交机制，能否具体解释一下这点？

袁佛玉：用户的圈层化，使得信息跨圈层的传播变得困难，而圈层内的传播速度事实上会加速。社交机制就是促使每一个被触达的用户继续向自己所在圈层的其他用户扩散，这是最高效、最精准、最具性价比的方式。我们团队对社交引爆方式的关注度是极高的，要求营销团队在每一个项目中去最大化撬动用户进行社交扩散。

9.2 喜茶

项目介绍

要想知道年轻人在想什么，喜茶最有发言权。过去两年，有关喜茶的信息经常能够在年轻人群体里刷屏,它俨然成了"90后"、社交媒体和媒体眼里的"红人",并且持久不衰。喜茶到底有什么秘诀呢?

人物介绍

肖淑琴,喜茶公关总监。

独家对话

1. 喜茶太火了,你们统计过自己在2017年刷屏的次数吗?你怎么评价刷屏的价值?

肖淑琴:能看到喜茶做出来的产品和品牌得到消费者的喜爱和讨论,对我们来说是一件非常高兴的事情。但实际上我们从未主动策划以"刷屏"为目的的营销事件。我觉得能持续成为年轻人提及的话题,最核心的还是产品。我们的产品是非常具有爆发力的,这是年轻消费者喜欢喜茶的关键。而我们塑造的"酷、灵感、禅意、设计"的品牌感觉才是能使"刷屏"为品牌带来话题和流量的关键,但是与品牌特质不符的"刷屏"是毫无益处的,它甚至对品牌是有损害的。

比如大家看到的排队刷屏,与我们品牌想要传递给消费者"日常化"的形象就是冲突的,这种刷屏容易造成消费者的反感。

2. 我确实看到非常多有关喜茶的讨论,尤其是排队的话题,你怎么看?

肖淑琴:就如我前面提到的,我们的目标是希望让喜茶成为客人日常生活的一部分,成为一种生活方式。排队对我们没有好处,等待的时间越长,期待值会越高,一旦最后的结果达不到期待值,就会使消费者更失望。实际上,排队也不会提高营业额,因为不管排不排队,只要一直有人买,营收是一样的。

其次,排队只是现阶段发展的一个过程,它不是一个结果。这种现象就像是麦当劳在80年代、90年代刚进中国时,当时需要排6、7个小时。当店的数量比较少,品牌势能又比较大时,就会造成排队的现象,这是一个发展过程。

我们一直在扩店,并用互联网手段在提升消费便利性。如果你在深圳生活,可以感受到购买喜茶是一件非常方便的事。喜茶在深圳的店面分布广而密,自主研发的微信小程序可以实现提前预点单,外送上门等服务(图9-1)。

图9-1 微信小程序预点单页面

3. 大叔的刷屏方法论里,有一条是"产品刷屏",我觉得喜茶做到了极致。请问你们是怎么让产品刷屏的?仅仅是因为好喝吗?

肖淑琴:能够得到消费者的认可,最重要的还是我们始终站在消费者的角度思考，不向传统市场妥协，力图提供更好的产品。

我们对于产品的要求是非常极致的，可能一年下来会研发上百种新品，但真正能上市的只有最满意的 10 款左右，并且力求做到我们心中的最好，从口感、用料、包装和售价上都是这样考虑的。

即便产品上架后，喜茶也会不断聆听消费者反馈，优化产品配方。大众点评上的一条条顾客评价，我们会进行归类分析，找出原因，提出改进方案。

喜茶以产品为核心，用产品打开了市场；喜茶以品牌深入人心，其现代主义禅意的品牌设计风格是俘获消费者的利器，也就是我们基于茶饮年轻化，为喜茶植入的品牌理念为：酷、灵感、禅意。

4. 你们的产品几乎每一款上线都会引爆市场，请问你们是怎么做消费洞察的？

肖淑琴：我们创始人说过这样一句话："我相信一万小时定律。任何事情只要花时间、工夫研究，总会有方向的。不然的话，人类社会就不会进步了，只能靠继承，不会有创新。"

从创业初期，我们就非常注重消费者的评价。如上所述，至今为止，大众点评上的每一条评论，我们都会一一进行归类分析，找出原因。

比如消费者反馈："喝起来像水一样淡。"我们要反思，为什么我们的产品会让消费者有这种感觉？问题出在浓度、甜度、酸度还是口感上？我们会从配方到原材料进行全方位的改进。用户对产品反馈和接受度是我们做好产品的基础。喜茶的所有产品都要如此这般经得住顾客的考验，并且不断完成迭代升级。

5. 我看到你在《餐饮总板内参》上做过一次分享，谈到对年轻人的理解，有一句"看起来你是在中国做品牌，实际上在年轻消费者眼中，他们在拿你跟全世界所有优秀品牌做比较"。我觉得特别好，喜茶也确实是先击穿了年轻人这个圈层，然后开始受到热捧，请问你们是怎么做的？怎么能让年轻人喜欢你们？能否举几个例子？

肖淑琴：喜茶的创始人是"90后"，品牌团队成员也几乎以"90后"为主。而我们的主力消费群就是与我们一样的一群年轻人，所以我们能感受到他们的喜恶和价值观。当我们做出自己真正喜爱的茶饮并分享给大家时，我们相信，消费者也能爱上这杯茶饮。

这些对消费者的洞察，即源于生活中的观察，也是我们的缩影。我们不喜欢随波逐流，对品质和审美都有自己的要求。伴随着互联网长大，生活在信息大爆炸时代中，天然就熟悉信息检索，出国旅行早已稀疏平常，每个人所使用的产品，早已不局限于国内的品牌，用户拥有全球化的视野。

当然，我们的CEO本身就是很"挑剔"的年轻人，这也是天然的优势。他特别懂年轻人，比如我们的所有产品在原材料的投入都是很大的，都是力求在全球范围内寻找最好的原材料。他对我们说："好的产品是由原材料决定的，而非配方。"但在我们的宣传上，我们从未刻意强调过这些。一方面，我们认为这本就是我们应该做到的；另一个方面，我们认为年轻人不喜欢被灌输，他们希望自己得出结论。

此外，你还要让年轻人觉得你的品牌很酷、有新意。比如我们的微信公众号的推文都会采用插画的形式，用讲故事的方式介绍我们的新品和新店，借此引起年轻人的共鸣，所以我们的微信公众号营销性是很弱的。

6. 你们品牌的火爆，给很多新型的餐饮品牌，提供了非常多的、可以学习的点，也因此诞生了很多"网红"店，如果要你总结，你觉得喜茶成为"网红"，做对了哪几点？对打算做网红餐饮店的品牌来说，有什么建议？

肖淑琴：就如"排队"一样，"网红"在我们心中，也是一个不符合喜茶品牌调性的词。我们不愿意被冠以"网红"的标签，这与我们将茶饮年轻化、日常化及国际化的愿景背道而驰。

可以说，每一家公司都需要系统的战斗力，仅凭一块盾牌是上不了战场的。只有全副武装，拿好武器，形成壁垒，消除短板才能所向披靡。这也是第一梯队与第二梯队公司的差别。从创业至今，我们的核心竞争力，我觉得可以大致分为这三个部分：

一是超强新产品研发能力。我们的产品具有首创性，深受消费者喜爱的"芝士茶"就是由创始人自主研发的。后来推出的水果茶系列，比如"满杯红柚"甚至引领了整个茶饮行业的风潮。

二是"喜茶"整体富有现代主义禅意的品牌设计风格让年轻的消费者为之着迷，也就是我们基于茶饮年轻化，为喜茶植入的品牌理念：酷、灵感、禅意。这种品牌散发的感觉是最难复制的。

三是"喜茶"已形成对茶叶产业链上游茶园的掌控，使之从土壤到口味均为"喜茶"定制。

7. 创业公司做品牌，其实是最难的，不仅预算少，还要从头做起。你认为对社交媒体的重视，在喜茶做品牌上起到了多大的作用？能否举几个关键性的例子？

肖淑琴：这是互联网时代，甚至说我们这一代人就是在互联网的环境中长大的，在社交媒体上发现新鲜事物、获取资讯、表达观点看法，就是生活的一部分，对于喜茶来说也是如此。我们从来没有把自己定义为一个线下品牌，从成立之初，我们就是在结合互联网，无缝经营着用户。

透过社交媒体，我们扩充了与用户交互的时间，关系更紧密了，也更了解他们的真实想法。同时透过社交媒体，把我们做出来的喜爱的产品、喜欢的设计分享给他们。这些做法也是我们品牌建设的一部分。

8. 你怎么评价现在如火如荼的茶饮投资热潮？你觉得它们会影响到喜茶吗？

肖淑琴：不会。

我们一直都很坚定、很明确自己的目标是茶饮的年轻化及国际化，无论资本市场怎么变，喜茶的初心和愿景不会变。

很多人可能会在事后将成功归因于消费升级的风口，茶饮投资热潮。但对于喜茶而言，并不需要风口把它吹起来，茶饮是一个实打实客观存在的需求，也不是只要抓住机会就可以成功，关键还是消费者是否喜欢。

喜茶是主动选择了一个非常高频、而当时又做得很不好的、市场却很大的茶饮行业。我们只是用心把它做得更好。这个土壤一直都在，只不过大家没有好好种植，而我们一直比别人更用心地浇灌它。

创业很多时候都是随机应变，从当初走到现在，如果说取得了一点成绩，最重要的靠的还是背后的人。而投资人看中的也是喜茶的这个团队，而不是所谓的风口。

9. 一般的企业，它们的微信服务号一推送文章就会损失掉粉丝，你们的微信服务是如何做的呢？能不能分享一下你们运营新媒体的心得体会？

肖淑琴：我们运营的是微信服务号，一个月推送4次信息，不会对用户产生过多的打扰。我们希望我们发的每一条消息都是赏心悦目的。目前我们的粉丝近200万人，并且保持着每日5 000人的自然粉丝增长量，发推送文章的那天不但不损失粉丝，反而粉丝会成数倍的增长，且我们每一篇头条文章阅读量都在"10万+"。比如我们推出了新品波波茶，为我们带来了5万多名新加入的粉丝，单篇文章的阅读量就在70万。

我们很用心地经营着自己的自媒体，围绕着我们的品牌理念"酷、灵感、禅意、设计"，为新品、新店书写不一样的故事，语言亲和且内容去营销化。在视觉呈现上，会为每一篇文章做别具一格的设计，用不同风格的插画来表现内容。我们希望每一篇文章都能引起消费者的强烈共鸣，使他们愿意与朋友分享，成为他们交流的话题。

10. 我留意到你们现在经常做一些跨界合作，请问与你们合作有什么标准吗？为什么合作的频率这么高？

肖淑琴：就像我们认识一个人，我们除了要了解他，也会想要知道他和谁在一起。我们会选择一些调性相符、同时也关注青年文化的品牌做跨界合作，让年轻人看到喜茶的不同一面。

比如，2017年七夕节，我们跟杜蕾斯跨界合作，结合产品特点，选用了我们饮品中自带CP感的"金凤茶王"和"玉露茶后"做了一套线上、线下的品牌互动宣传文案。在宣传推文上，我们创作了情侣间日常互动的插画。这些就是你生活的缩影，会戳中你的泪点和笑点，引发共鸣。杯套上说的那些话，一语双关，都是让你羞于表达的情话。这样的跨界合作和再创作，让消费者看到有趣的喜茶，也在情感上与消费者产生了共鸣。与广州W酒店、上海时装周、贝玲妃等品牌的跨界合作都有着异曲同工之妙。

我们基本保持在每月一次跨界合作的频率，但数量并不是我们的衡量标准，我们希望我们做的每一次跨界合作尝试，都能为品牌带来新鲜感，提升品牌势能。

其实这也是喜茶全面品牌化的一部分，我们会不定期升级所有的包装、设计，还有空间。我们希望配合我们的产品做出一整套茶饮年轻化的风格。无论是在设计还是在空间上，基于我们的品牌理念，会定时、定点做各种各样的探索，包括很多跨界的合作。

11. 你怎么看大叔提出的"两微一抖"（微博+微信+抖音）的品牌新媒体新矩阵的理论？

回答：这些新媒体平台账号我们都有用心在经营，确实也是我们比较重视的新媒体宣传渠道。我们宣传主要是跟着消费者走，他们在哪儿，我们就希望这些地方能方便他们找到喜茶，并与我们互动交流。

抖音平台账号是 2017 年才正式开设的，目前我还没有专人在运营，粉丝也不多。因为短视频是不同的形态，我们也还在探索该怎么玩。

2017 年 11 月，喜茶 CEO 聂云宸就提醒我们要开始运营抖音平台账号了，我当时认为这是一个年轻人娱乐消遣的软件，现在回过头来看抖音的崛起，不由佩服他的前瞻性和预见性。

9.3 新世相

项目介绍

与网易一样，新世相也是一个连续制造刷屏级传播案例的品牌，大叔曾经一夜听完张伟的新世相营销课，写了近 7 000 字的笔记，收获颇丰。这次，大叔请到了新世相多个刷屏案例的主策划者，新世相创意总监田威，与读者聊聊新世相的刷屏方法论。

人物介绍

田威，新世相创意总监。

曾任职于多家知名传播营销机构，全面负责新世相的创意工作。为包括可口可乐、微软、英特尔等多家世界 500 强品牌做过创意传播服务。策划并参与了"逃离北上广""丢书大作战"等刷屏事件，具备丰富的事件营销、社会化媒体传播经验。

独家对话

1. 我的一个公关圈好朋友，江湖人称"姐夫李"的李国威老师曾在我写过的新世相的一篇文章下面这样评论:"在移动社交媒体时代,传播从业者如果不研究新世相,就别做传播了"。这是对新世相非常高的评价,你们认同吗?你们现在怎么定义自己?

田威:这个评价确实很高,感谢李国威老师的认可。我们每天跟读者沟通的渠道就是通过微信公众号,以后可能每月我们跟城市读者沟通的方式是通过一支由读者真实故事改编的短片,而每年我们与读者沟通的方式是通过一部剧或者大电影。

新世相是一个城市文化的厂牌,它强调"城市生活的奇迹感"。我们认为,没有什么是不可以想象的,真正困扰我们的问题是,哪些东西我们应该做,哪些东西我们应该坚持不做。

刚才我所说的城市文化厂牌由几个部分来组成,除了大家熟悉的拥有千万名读者的头部自媒体"新世相"微信公众号(Thefair2)以外,厂牌旗下还有精准面对大学生的基于微信生态的流行社交产品"48小时CP",以及一直在探索城市青年故事与城市品牌故事的"新世相X研究所",外加提供精神食粮的知识付费产品"新世相读书会"。这些部分立体地构成了我们和用户沟通的渠道。

2. 大叔认为,刷屏不是在营造一种感觉或是圈内人员的自娱自乐,而是品牌获取免费巨大社交流量的手段,也是赢取用户口碑和获取认同感的最佳方式,新世相怎么看待刷屏的价值?

田威:如大叔所说,刷屏的确可以获得巨大的社交流量,但我们认为,"好内容"的刷屏才更有意义。刷屏的真正价值,不仅是获得了巨大的曝光量,还让品牌更加了解了自己的用户,和用户的沟通更加顺畅,去做更好的内容和产品来服务自己的用户。

以我们自己为例,当某篇文章或者某个活动刷屏之后,我们会对其进行复盘,团队内部要总结内容的角度、活动的切入点,细致到某段话或者某个用词是不是引发自传播的动因，必要时我们会进行读者回访，那些转发文章或者参与活动的读者们到底是被哪个因素影响到了才参与传播一篇文章或者一个活动？不仅仅是为刷屏这个结果感到开心，更重要的是我们因此会更加丰富我们的读者画像，更清晰自己的内容定位，做出更多读者喜欢的内容或者活动。

3. 新世相创始人张伟的营销课，我仔细听了，还做了笔记，确实收获很大。你们自己认为，新世相能够持续刷屏的原因是什么？

田威：遵从正确向上的价值观，尊重内容的生产规律。好内容的生产没有捷径，需要始终专注洞察自己所处的时代到底需要我们来做些什么让它更加美好。

以我们2018年1月拍摄的一支真实故事改编的短片《2018，生活没那么可怕》来说，当时正值春节前夕，一年的结尾，我们发现了一个普遍的情绪就是2017年的变化很多，大家普遍有种安全感缺失的感觉。这个时候，人们需要找一个能让自己坚定的理由，生活还要继续，但迎头而上的力量不足。我们短片中的男主人公就是一个让人会产生力量感的人物。相伴几十年的老伴患上阿兹海默症，自己又被乘客误以为是绑架犯，就算如此他仍然对生活充满信心。

在这支短片刷屏以后，我们的自媒体后台获得了大量读者的反馈，普遍是在为自己打气，告诉自己生活没有想象中那么糟糕，我们仍然要去战斗。这就是我上面说的，专注洞察自己所处的这个社会和时代。

4. 从"逃离北上广"到"丢书大作战"，再到"佛系"和"营销课"，新世相制造了这么多的刷屏案例，你们自己总结过吗？这些刷屏案例，有什么共同特点？

田威：我们从没把读者当成所谓的粉丝，我们的读者大多生活在一二线城市，他们本身的审美趣味和见识水平都是比较高的。我们讲过一个"共同行动人"的概念,是说刷屏是大家合力作用的结果,我们这样一群有独立思考能力的读者,只有在高度认可你的动机的情况下,才会加入传播队伍中。

这个动机总体来说就是说他想说的话,那他就会点赞转发;做他想做的事,他就会参与活动。这里面没有什么秘诀可言,就是因为我们常常做很多UGC活动,我们的读者就会给我们讲他们自己的故事。等到达一个数量级之后,我们开始意识到这里存在一些普世的情绪和道理等,这自然就成了我们做内容、做创意的原料。还是那句话,好的内容和创意绝不是一个人憋出来的,你的受众走在大街上,而你坐在办公室里,你们怎么可能有交谈和对话呢?

5. 新世相似乎每一次刷屏,都会引来不小的争议,所谓"无争议不刷屏",你认同吗?

田威:刷屏存在争议,几乎不可避免,大家的立场和视角不同,难免你看好我看衰。但我们不刻意制造争议。好内容刷屏是因为好内容,不是因为争议。

6. 张伟提到过一个"高频词汇库",我认为很有价值,请问你们把一个词放入这个库的标准是什么?又怎么从这个库里选择合适的词,制造刷屏呢?举个例子吧!

田威:人性的基本面上有一些话题是永恒的热点。时间、成长、生死、财富、爱情等。我以一篇我们的日常文章掀起的话题为例,这是2018年3月30日那天推送的文章,叫《为什么东北人总让你快乐》。这个内容切口我相信大部分人都是有共鸣的。这也是我们基于身边的观察以及后台大量用户反馈后得出的所谓高频词:东北人。

7. 张伟提到,刷屏需要3个能力:决断力、执行力和创意能力,他认为创意能力最不重要,其他两个能力更重要;我也同意。在决断力上,到底谁来拍板?依据是什么?是直觉吗?能否举个例子?

田威：直觉和经验，缺一不可，或者说直觉也是一种经验。刷屏是敢于尝试又不断尝试的结果，大层面的决断力是一种劲头。在一个项目的执行过程中，需要决断力的时刻无处不在，民主的状态应该是"谁说的对谁拍板"，但也要实话实说，这并不常见，也很难做到。所以，我们希望每一个项目负责人（每个项目都有负责人，不是张伟）都对这个项目的成败负责，中国有句老话，"三军之众投之于险，将军之事"，项目负责人得拍板，除非他出现了巨大失误。

8. 据说你们的创意广告策划部有20多人，是真的吗？这个部门是对刷屏贡献价值最多的吗？那运营团队和技术团队呢？是否有一套完整的刷屏协作流程，可以介绍一下吗？

田威：创意团队目前有20多人，还在扩大，不过刷屏结果的出现是多部门协同的结果。

优质内容被生产出来，还需要将它传播出去，最终达成最大范围的自传播。我们的创意部、运营团队以及技术团队分别去贡献创意、流量以及数据支持，这是一个完整的"内容生产＋传播"的链条。

以我们和优酷网剧《北京女子图鉴》合作为例，创意团队和内容团队一起得出的洞察是从小镇青年到城市奋斗一族的这个过程中，大家对时间的感知是非常敏感的，也就是说大家基本都会有一个感受和畅想是，我三年要怎样、我五年要怎样、我十年要怎样。我们在活动的初期就发起了一个关于回忆你来到大城市的第一天发生的故事的征集，把大家带回这个情绪中，然后我们重新模拟一次你在大城市的奋斗征程，最后经过测试得出你目前在大城市的一个状态关键词，我们叫它"城市战斗"关键词。

我们用一些有趣的指标，比如野心指数、吸金指数、单身指数等来阐释这种状态。运营团队在这个过程中会令这个内容找到更合适的推广渠道，并触达到更适合的受众，技术团队在这个内容生产传播过程中，运用了H5的技术形式来做内容落地展示。

9. 新世相所有的内容和营销产品都强调参与感和共鸣，这与大叔刷屏的两个方法论一样。请问，你们是如何同时制造参与感和共鸣的呢？能否举个例子？

田威：我们的内容和营销产品通常是先洞察某一种普遍情绪，进而提供解决方式或者自我表达的出口。以"逃离北上广"活动为例，"逃离"是我们认为都市年轻人在城市生活重压之下普遍存在的情绪，而提供一个低门槛的"逃离方式"就是我们制造参与感的方法。

10. 新世相特别重视用户洞察，你们说最主要的一件事就是去观察这个时代当下的情绪是什么？请问具体是怎么做的呢？"佛系"之后，下一个能代表当下的情绪是什么呢？

田威："佛系"的状态不是我们制造出来的，"佛系"的状态是当下年轻人本来就存在的，我们只是一个观察者。

始终和我们的读者、我们身边的都市年轻人保持密切的沟通和联系，就是我们了解这个时代当下情绪的唯一方式。

通常情况下，我们会在新世相的矩阵内通过话题的 UGC 征集方式、以及针对用户的运营活动来获得用户表达的一些观点和情绪，持续不间断地做下去，这个沟通联系就会越紧密，我们才能成长为如今最懂城市青年人的新媒体内容公司。

9.4　999感冒灵

项目介绍

2017~2018 年，999 感冒灵品牌拍摄了《有人偷偷爱着你》《健康本该如此》两个发人深省的短片，在社交媒体引发了巨大的关注和讨论。尤其是短片《有人偷偷爱着你》，更是刷爆了朋友圈。大叔这次专门请到了这两个视频的幕后制作团队——"舞刀弄影",为大家揭秘"视频刷屏"的秘籍。

人物介绍

吴瑾旻,舞刀弄影创始人兼 CEO、总制片人。在品牌营销领域深耕十年,为百雀羚、999 感冒灵等多个品牌策划制作出刷屏级短视频广告。

独家对话

1.999 感冒灵品牌在 2017 年拍的《有人偷偷爱着你》的视频刷屏了,非常成功。针对这件事,你们自己是怎么评价的?

吴瑾旻:其实我们一开始并没有把关注点放在"刷屏"上,而对于这次的刷屏的评价,可能得追溯到我们最初的一些思考。

最初,我们就一直希望能通过社会热点,去洞悉大众如此关注的背后原因。尤其在两年前,自媒体这种媒体形式开始迅速兴起,不同于传统媒体的单向输出方式,自媒体时代的到来,让观众有了选择和发声的机会,而且品牌发出的内容也开始可以及时地得到大众反馈。但同时内容的同质化也变得严重,要靠内容突出重围俘获观众的注意力变得更加困难。

当时我们也是有困惑的,我们不知道大众到底在想什么,什么内容是他们感兴趣的?正是在这个好奇和迷茫的状态下,我们开始制作了短视频节目《人类实验室》,我们跟进了很多的社会热点,包括很多大众情绪型话题。我们希望能在这样的探讨里,找到更多和大众的共鸣点,找到我们想要的答案。

也是基于《人类实验室》,我们慢慢发现我们可以影响更多的人,让他们变得更好,为他们解决更多困扰。比如我们之前针对"儿童性教育""网络语言暴力""快递盒上的个人隐私"等话题制作的内容,也曾经登上微博热搜榜,被人民日报、共青团中央等官媒以及业内的大量 KOL 转发。

在这个基础上,我们才逐渐独立出来。所以从根本来说,我们没有把

"刷屏"作为目的，而是一直在思考，在这个浮躁的社会下，在大家都在追逐风口的时候，如何让人们重新关注自己，重新意识到自己内心的情感。

对于《有人偷偷爱着你》的刷屏，我们当时感到很开心，更重要的是我们在这里面总结学习到了很多，探索到很多感性事件背后的理性规律。同时，这次的刷屏也是对我们的一种激励，让我们清楚"做与大众对话的内容"来帮助品牌发声这条路是走得通的。同时也给我们提出了新的挑战，我们希望能发现更多"对话"的形式和可能性。

2.你们内部对这个项目肯定做了总结，请问你们做了哪些维度的数据评估呢？能否详细说明一下？

吴瑾旻：其实这个项目的数据，当时也是让我们非常震惊的。我们是带着惊喜，同时也带着感恩的心态去跟踪和剖析数据的。

（1）主流数据

数据方面，主要覆盖了全网播放量、微博 KOL 互动量、话题阅读量、微信公众号二次转发、微信指数、百度指数等。

视频上线期间，"有人偷偷爱着你"微指数上升 9891.38%，"999 感冒灵"百度指数上升三倍，微信指数上升 1177.35%，999 感冒灵的用户好感度大幅飙升。

高互动、点赞数高、自转率活跃、产出大量 UGC 内容都是这支视频的标签，短视频在感恩节上线，不到一周的时间，微博话题阅读量超过 7 000 万，2 篇阅读量超过 1 000 万爆款文章在微信公众号上出现，其中"4A 广告文案精选"在 11 月 22 日晚 10 点半发布的《年度走心广告：总有人在偷偷爱着你》，在发布 12 小时内，文章阅读量突破 963 万，由于微信朋友圈的防刷屏机制，该篇文章还一度被限流。催生超过 50 篇阅读量"10 万+"的文章，在微信朋友圈形成"刷屏"现象。

该视频被共青团中央、人民日报、中国青年报、环球时报等百余家微信公众号自主转发，并获得了超过30家视频网络平台首页推荐。在上线不到一周的时间，《人类实验室》渠道的全网播放量已突破1.2亿次，加上非自有渠道的播放量，共计突破1.5亿次。话题"总有人在偷偷爱着你"数次登上微博情感榜第1名，微博话题总榜前10名，被大众誉为"年度走心广告"……

（2）传播过程

在执行和实际传播过程中，我们遇到了很多意料之外的波折和惊喜。

例如，在项目上线第三天的时候，有遇到当时影响非常大的"红黄蓝"事件，原本我们以为这股"暖流"会被就此截住，也考虑过是否要追加一些广告投放。最后通过分析，我们还是没有去投放，但在事件发生的2~3天后，由于"红黄蓝"事件的影响，整个社会的情绪低迷，而《有人偷偷爱着你》则被当作"暖心"素材，被自媒体广泛转载，迎来了新的一波转发热潮，形成了比第一波范围更大的刷屏。我们事后去反思，发现是当时社会人与人之间的冷漠和不信任现象严重，大家内心潜意识对"温暖"和"善意"的渴望也达到了高点，这才让视频有了如此巨大的传播基础。

包括在临近过年的时候，社会情绪又因为股市的危机等一系列负面消息陷入低迷，"有人偷偷爱着你"又再度被自媒体大号和网友自发传播，一定程度上又再次"刷屏"了一轮，从腾讯视频监测的数据来看，视频增长了3 000万次的播放量。正是由于这个项目的几次刷屏，让我们一步步学习和明晰了一些方法论，比如"社会情绪和网络语境的震荡波属性""价值观冲突转发逻辑"等都是由于这个项目才逐渐清晰的梳理成理论。

从我们长期的运营分析来看，可以大致从腾讯视频平台播放量去倒推微信公众号的流量，单条链接播放量达到100万次以上，已经能达到小圈层内的刷屏了，大概是5个"10万+"文章带动了大概50家以上的自媒体转发才能到达到这个数据的效果。

（3）其他数据

除了这些常规数据以外，在《有人偷偷爱着你》的推广期，我们联合了百雀羚的因雀思听、泸州老窖中国闪耀、香飘飘、东鹏特饮、新农哥等新媒体与999感冒灵品牌一起发起了"蓝V"联动活动，向大众征集陌生人暖心故事。参与联动的"蓝V"平均转发量为6 000次，互动量破万次，这在"蓝V"联动活动中是非常成功的。

3.大叔的刷屏方法论，特别强调"目标、路径与反复测试"的重要性，即任何一个刷屏案例，品牌主都应该想清楚刷屏的目标是什么？请问，你们当时拍这个视频的背景是什么？你们的目标是什么？最终通过刷屏实现了吗？

回答：其实说实话，虽然我们的确在创作的时候有做过一些传播方面的设计，但会最终形成这样规模的"刷屏"确实是我们之前都没有预料到的。而通过我们后来的不断总结和尝试，我们发现当内容的话题具有"时代性"，内容关注的是当下这个时代最有代表性的话题和情绪的时候，往往会更容易引发大众共鸣，形成"刷屏"传播。

近10年，消费者的媒介接触习惯和媒介内容喜好发生了翻天覆地的变化。以前，999感冒灵品牌通过投放硬广告、户外广告、广播广告等媒体来触达消费者，收获了可观的曝光量。后来，网络媒体迅速发展，吸引了大批消费者，尤其是年轻消费者的大部分注意力。999感冒灵品牌开始涉足能够同时覆盖电视及网络的影视内容，如利用网络电视剧植入，综艺节目冠名等方式。

这些都为999感冒灵品牌积累了足够的知名度和大众认知度，产品本身的口碑也很不错。但在互联网营销这条路上，我们还缺少和观众的互动和对话，所以这是一次全新的尝试。

"暖暖的，很贴心"在以往的十几年里，虽然被大众熟知，但它在大众的记忆里,只是一句标语,但我们认为"暖暖的,很贴心"其实是可以转化成大众的感知的,所以我们采用这种以情绪代入故事的形式,让这种"暖"被大众从内心情感层面感受到,这样一来就能够在大众内心留下记忆,形成对品牌的好感。

最后通过这个项目,我们不仅收获了品牌曝光,同时从大众的评论来看,我们也收获了品牌的认可度和美誉度,成功地把品牌蕴含的这份"暖"传递到了消费者的心里。

4. 从实际操作这个案例的层面来看,你们认为,能够刷屏的关键因素在哪儿?

吴瑾旻:任何"刷屏"的项目都是"天时、地利、人和"缺一不可的。

(1) 天时

"天时"指的是合适的网络语境。整个社会的情绪其实是一个不断起伏的"震荡波",是围绕着正负能量的平衡点不断波动起伏的。我们意识到在那个时间段社会上的低迷情绪基本已经逐渐走向极端,在大众的潜意识里,亟需正能量的情绪来对抗这一波低迷情绪。因此我们提出了创作《谢谢陌生人》新媒体剧这种全新的形式,而《有人偷偷爱着你》则是作为这个系列片的一个先导片。我们也是趁着感恩节的节点上线了视频,为整个社会注入了一股正能量,引发了第一轮的传播。

还有一部分因素是不可控的,我们在执行过程中会遇到各种突发问题。在《有人偷偷爱着你》上线后三天,又刚好出现了影响非常大的"红黄蓝"事件,无形中又为短片传播增加了势能,进而形成了更大量级的传播,变成了一股"刷屏"的暖流。而反过来,前阵子在母亲节上线的内容则因为同时间相同话题内容扎堆,而导致大众注意力分散,很难形成某个项目的集中"刷屏"。

(2) 地利

"地利"是指内容本身的设计和传播力。首先故事本身是要能打动人的，能引起观众的共鸣并调动观众的情绪。其次，我们针对如何增加"自发传播力"的方法也进行了一些总结，比如"转发逻辑"，我们认为在内容对观众产生了价值观的冲击时，更能引发观众的转发。我们又细分了"冲突价值观""超越价值观""颠覆价值观"三种类型，《有人偷偷爱着你》就属于第三者。再比如我们会在片中设置"传播金句"，我们把陌生人之间的温暖翻译成"总有人偷偷爱着你"，事实证明这句话确实引发了极大的传播量，时至今日，这句话还在不断被引用。

（3）人和

"人和"是指品牌本身。三九集团作为一个知名老品牌，在多年的积累下已经拥有了相当数量的用户基础和大众认知度，品牌本身也一直有着不错的口碑。消费者是能够接受品牌所传达的价值观的，也愿意为品牌去做传播。

在这一系列基础上，这次和消费者的"情感对话"才最终形成了刷屏。

5. 把6个真实故事，用反转的拍摄手法串联起来，创意非常成功。这个创意是怎么来的？

吴瑾旻：其实《有人偷偷爱着你》的内容来自于《谢谢你，陌生人》系列新媒体剧，我们在知乎上发现了一个名为"你所经历过的陌生人的善举有哪些"的话题，居然有十几万的粉丝群体，里面那些来源于生活的真实故事都很打动人。为了筛选出剧中的九个故事，我们团队每天寻找50~100个有关陌生人的故事，并其中挑出一个。这样的行为持续了半年，最后，再从中筛出最感人的九个故事。

最后我们选择了9个最典型、最容易让大众感知到情绪的故事来展现"众生相"。其实在脚本创作过程中，我们本来加入了很多真实暖心的事件，后来考虑到观众对同一个内容的注意力有限，所以做了调整，把这些真实故事放在了宣发传播上，这样的结合也成功造就了一篇千万级阅读的推文。

但是，如果直接呈现这几个故事，一是直接和在最高点的低迷情绪产生冲突，容易引起用户反感，而先用和低迷情绪相似的场景呈现故事的开端，则能更容易让观众进入情境和情绪，再通过"这个世界会不会好了吗？"这样一个问题，转折到故事"暖"的结尾。既照顾到观众情绪的"接入"，也可以通过铺垫和结尾的巨大反差，形成更加强大的冲击力。因此，我们采用了这种反转式的表达方式。

6. 大叔的刷屏套路里有一个"素材刷屏"，实际上，视频刷屏在素材刷屏里的比重非常高，每年拍一个品牌层面的视频，会是你们的必修课吗？为什么选择视频？你认为视频刷屏的关键在哪里？

吴瑾旻：其实内容本身的内核以及对人性和大众情绪的洞察才是最关键的，而不管是图文也好，动图也好，还是视频也好，只是不同的表现形式和传播载体。

但在传播上，视频有自身的优势。首先，视频具有跨渠道传播的价值，尤其是短视频。在大家时间碎片化的社会背景下，短视频已经越来越多地占据了大众的时间和注意力，因此，各种渠道都为短视频的传播打通了道路，使得视频本身的渠道跨度和传播范围具有了优势。

其次，视频作为呈现形式能更加立体全面地讲好、讲清楚故事，也能通过画面和声音更好地传达"情绪"。而且视频表达内容的整体完整度更高，方便进行二次传播，能有更长的传播周期。

而刷屏的关键，之前有提到过"天时地利人和"。在内容这方面，形式是其次，内容本身对人性的思考、对大众情绪的洞察才是核心。

7. 在渠道选择上，这个视频在新媒体（尤其是微信端）推广路径和推广量级的选择上是怎样的？能否具体说明？

吴瑾旻：我们通过运营《人类实验室》两年多来，积累和建立了很多我们自己的渠道，比如《人类实验室》在全网拥有 300 万的粉丝、核心社群以及许多经常转发我们内容的自媒体和 KOL。

而且我们发现互联网就像"江湖"一样，里面的人群因为各种兴趣或者话题聚合成不同的"帮派"，我们在不断探索内容的时候也在不断熟悉这些"帮派"，学习不同圈子的语言和玩法。

这个项目大体上的投放节奏是微博 KOL——微信情感类公众号——微信行业类公众号，先从微博的快速扩散引起话题的讨论，形成第一波的传播势能。接下来将势能沉淀到微信公众号，引导到相对封闭但传播周期更长的朋友圈。最后再以行业类微信公众号做一个传播收尾，对项目进行定义和总结。当然具体执行过程中会有很多的突发情况，需要具体问题具体针对解决。

但相对于整个传播量级来说，我们投放的资源可以说是非常少的。举个例子来说，2 亿次的播放量，如果都换算成投放费用，保守估计会需要 5 000 万元以上，而我们实际投放的资源和这个相比实在是微不足道。但正是有了第一波非常精准投放作为火种，先让内容在特定圈层火起来，最后才能以星火燎原之势形成了刷屏级的传播。

而我们一贯的投放方式，也都是选择精准的人群，并且根据人群及账号的调性匹配传播内容，让这一波人群成为广告的第一批受众，让他们成为"自发传播"和"刷屏"的第一波势能，接下来影片的内容传播力就会自然发酵，裂变出更大的传播能量。

8. 这部短片被称为 2017 年最走心的短片，我们知道，通过"感人"与观众产生共鸣是非常重要的。但说的容易，其实做起来很难，请问你们是怎么做到的？

吴瑾旻：首先，舞刀弄影所有的项目一定是来自真实生活，我们在真实故事中寻找情感点，将情感点在广告诉求中展开，这样才能足够感染观众。我们的内容不是随意捏造的，生活才是最伟大的编剧，我们只是发现者。互联网可以为我们提供很多真实故事的来源，重点是你是否用心去寻找。

真实的故事本身就自带情感的力量，我们会训练员工学会观察生活，比如在火车站、咖啡厅，观察紧皱眉头匆匆而过的人，猜他们的聊天内容，记录人们的穿着、细节情感变化状态。现在很多人因为工作节奏加快，会缺失感受力，越来越缺少情感。当我们花时间观察生活，观察情感的时候，会发现我们在不同情感时身体的细微变化。而我们要做的就是把这些变化和体验，用影像的形式呈现出来，帮助大众重新感知生活，感知当下内心的情绪，感受到"自己"。

另外，我们认为，做内容一定要尊重观众，要站在观众的角度思考，要认真和观众对话，讲"观众听得懂"的话，只有这样观众才能感受到你的诚意，接收到并认可你想要传达的东西。这也是和观众产生情感连接，打动观众的基础。

9. 大叔认为，刷屏不是在营造一种自我感觉和圈内人群自娱自乐，而是品牌获取免费巨大社交流量的手段，也是品牌赢取用户口碑和获取认同感的最佳方式，您怎么看待刷屏的价值？

吴瑾旻：首先我们觉得品牌的动作应该有其目的性，刷屏是好事，但是首先刷屏可遇不可求，其次并非每个项目都必须"刷屏"，例如某些为了阶段性营销的项目。

而且不能简单说刷屏是获取口碑和认同的方式，我们认为是品牌在传播上获取了足够多的认同感后，能让大众为品牌自发做传播，才形成了"刷屏"这个结果。

而且往往是具有明显时代特性的品牌价值观型项目更容易形成刷屏。当整个社会的某种情绪被压抑住的时候，我们能用独到的感知力洞察并形成内容，让这些情绪有一个出口得以释放，那么压抑得越久的情绪就会迸发得越有力量。反过来，如果是大家扎堆营销的蹭节日热点，或者主推产品功能的这一类广告，则非常难做到大范围传播。

10. 你怎么看大叔提出的"两微一抖"（微博+微信+抖音）的品牌新媒体新矩阵的理论？尤其是这三个平台的不同价值？

吴瑾旻：关于两微一抖，作为目前流量最大的三个平台，确实是品牌走近年轻人，走近消费者的最佳渠道。但三个平台又各有不同，因此也适合品牌做不同的动作。

微博是开放式平台，社交属性最强，适合跨界、和粉丝互动等。其最容易形成影响力，适合大范围辐射，提高品牌曝光。

微信公众号，也可以说是朋友圈传播，是相对封闭的传播环境，但粉丝的黏性更高，涉及的人群圈层更全面和立体，传播周期也更长，适合建立核心社群，树立品牌美誉度和口碑。而且"刷屏"传播也往往是出现在朋友圈。

抖音则是一个兼具部分社交功能的 UGC 内容平台，适合品牌用年轻人喜欢的方式传递出品牌的"性格"，告诉消费者品牌"会玩"而且"好玩"，和消费者玩在一起，适合用来和产品结合，推广新的产品。

9.5 百雀羚

项目介绍

百雀羚借助《一九三一》的刷屏，成功地给这个百年品牌贴上了"年轻"和"新潮"的标签，而背后的最大功臣要属一个名为"局部气候调查组"的自媒体。到底"局部气候调查组"拥有什么魔力，让百雀羚成功刷屏呢？大叔与其联合创始人朱简聊了聊。

人物介绍

朱简，局部气候调查组联合创始人，《一九三一》案例的内容策划之一。

独家对话

1. 能否简单介绍一下"局部气候调查组"？

朱简：局部气候于 2016 年成立，由 4 个人发起，包括 3 个设计师和一个科研工作者。我们中的大部分人是从清华大学毕业的，目前，我们的科学家现在在北欧工作。

最初，我们是想做一个博物风格的生活方式品牌，局部气候就来自于我们对这个产品风格的想象，我们的 LOGO 也是在那时被设计出来的，很好地记录了当时的想法。

目前，团队主要运营微信公号"局部气候调查组"和微博"局部气候"。

2. 你们和百雀羚 2017 年的刷屏案例非常成功，针对这件事，你们自己内部是怎么评价的？据说后来找上门的客户订单排到了 5 个月之后？

朱简：这是局部气候和百雀羚一次成功的合作，除了在当时制造了广泛的讨论和关注外，之后也让更多的人知道了"局部气候长图叙事"这一新风格。

其实我们一直想用一种新的视觉形式去解释这个世界，最终探索出了长图叙事方式。最初，我们策划了一篇关于海洋知识的科普长图文《一起下潜，海底一万米》，利用手机阅读时需要不断向下滑动的需求，使观众在看文章时真的有一种不断下潜至海底的阅读体验，同时在滑动下潜的过程中又能看到我们按照比例尺精确统计的海洋知识点。之后的两篇关于宇宙距离、人体消化道的内容奠定了局部气候长图、趣味、科普三者融合的形式和风格。

为了能够保证用户体验，我们其实对产品做了很多测试和优化工作，比如既为了适配手机屏幕的阅读,又保证图片的像素够高。

3. 百雀羚当时为什么要找你们合作?有什么故事吗?

朱简:是百雀羚主动找到的我们,当时的目的很明确,就是为了借势"母亲节",做一次线上传播。百雀羚对我们这种趣味长图的创意方式比较认可,当然,还有就是我们的粉丝群体都比较年轻。当时,客户就给了我们3个核心素材:产品介绍,"母亲节"借势,主题(与时间作对),百雀羚内部说可以用这个主题可以做个参考,但并不强求。

4. 能否透露一下这次传播的数据,比如阅读量、分享数、粉丝增加数等?听说你们的案例获得了很多奖?

朱简:据不完全统计,《一九三一》微信端阅读数量超 3 000 万次,百雀羚品牌百度指数增长超过 1 倍,微信指数达到 560 多万,较之前增长了近 30 倍。

局部气候获得的奖项如下:

"2017 ONE SHOW 中华创意奖""2017 金牛角年度最佳新媒体运营奖""2017 WeMedia 最具爆发力新媒体奖""2018 新榜大会年度创意新媒体奖""微播易风向 2018 年度最具创意自媒体""2018 Topdigital 创新 100""2018 Topdigital 年度大奖"。

5. 大叔提出的刷屏方法论,特别强调"目标、路径与反复测试"的重要性,即任何一个刷屏案例,品牌主都应该想清楚刷屏的目标是什么?请问,百雀羚当时和你们沟通的时候,它给你们的 KPI(关键绩效指标)是什么?你们认为,最终通过刷屏实现了吗?百雀羚满意吗?

朱简:百雀羚当时没有给我们一个明确的 KPI,核心要求就是让我们放在内容创意的创作上,做一个优质的内容出来,它们再安排二次传播。最后的效果使百雀羚很满意,并追加了很多广告投放资源,当然,也有大量的自媒体分享这个作品。

刷屏的本质是阅读群体对我们作品的广泛认可。百雀羚作为一个百年品牌，其原有的历史感会让年轻一代觉得遥远。所以，过去很长一段时间，百雀羚都在借助新媒体，以全新的话语体系和年轻人沟通。通过这次合作，年轻消费群体重新认识了百雀羚，大家都认为百雀羚是一个年轻的化妆品牌，非常有活力。这次刷屏让百雀羚变得更"潮"了。

6. 从实际操作这个案例来看，长图叙事的形式是你们最擅长的，但具体内容的创意从何而来？是否当时有很多个创意方向？为什么最终选择了这个呢？

朱简：其实我们当时提了两个方向，一个是民国风的，就是大家看到的目前的这个版本；另一个是科普类的，更正统一些，讲解女性的皮肤是怎么变衰老的。最终，百雀羚选择了第一个。

百雀羚的选择，与我们的推荐是一致的，虽然科普类的内容可能更适合我们的定位，但百雀羚这个品牌比较特殊，它有自己的文化沉淀，比如老上海和民国风那种感觉。我们查了背景资料，百雀羚是1931年在上海成立的，那个年代有大量的文艺作品，本身就有非常多的故事性去表现。我们要把读者带回到民国，做一个民国风土人情的科普，所以做了大量的历史考证。

7. 你们认为《一九三义》能刷屏的关键因素在哪儿？

朱简：第一，一镜到底的长图文形式非常新颖，抓人眼球，成了引爆传播的基础；

第二，在《一九三一》中，我们把长图这种形式做到了极致，并且做了大量的考证，从衣食住行各方面重现了民国时期的风土人情；

第三，整体剧情的编排环环相扣，最后转折引出广告时更能给人留下深刻印象；

第四，包括大叔在内，很多人从不同角度的讨论，确实让这个长图更火了。所谓"无争议不传播"。

8. 第一波的创意刷屏，你们除了制作内容，是否有参与渠道投放？比如社群推广或者自媒体大号投放？

朱简：我们只负责了内容制作和在自有平台的投放，其他投放的资源都是百雀羚自己在做。我知道的是百雀羚对这个内容非常满意，所以之后追加了不少投放资源。

9. 第二波刷屏主要的讨论点是"转化率"，大叔也参与到其中，用一篇阅读量"10万+"的文章，十分鲜明地力挺百雀羚。你们怎么看这次争议？似乎这次争议经过讨论之后，反而让这件事更火了？是这样吗？

朱简：这个作品能引起广泛关注，我们也是很欣慰的，但是之后又产生的各种争议，确实没有想到。很荣幸在当时有很多业内的前辈、老师一起来讨论《一九三一》这个案例。尤其是像"万能的大叔"，是第一个站出来去反驳转化率的问题的自媒体，我们也都第一时间看到了，确实经过这一次的讨论，这个作品更火了。

10. 你们现在的架构是什么？比如一个作品的产生，大概需要经过什么流程和多长时间的周期？可以以百雀羚为例，说一下你们的制作流程吗？

朱简：我们一般是3个人作为一个小团队，来完成一个项目，分别是：一个主创作为总负责人，工作以创意为主，搭配一个设计师和一个文案人员。百雀羚这个项目也是由三个人完成的。工作周期是一个月，前两周沟通选题和创意，后两周进行制作。

11. 大叔认为，刷屏不是在营造一种感觉和圈内人员的自娱自乐，而是品牌获取免费巨大社交流量的手段，也是品牌赢取用户口碑和获取认同感的最佳方式，您怎么看待刷屏的价值？

朱简：刷屏除了可以反复刺激用户对品牌的认知度外，同时也给用户提供了更多可以讨论、分享的话题素材，品牌方、创作者又能再次从用户的反馈表现中总结出他们更真实的需求。以百雀羚为主，通过这次合作，我们帮助品牌贴上了年轻化的标签，这是投资几亿元的硬广告可能都无法实现的效果。

12. 你怎么看大叔提出的"两微一抖"（微博+微信+抖音）的品牌新媒体新矩阵的理论？你们现在是如何布局的？能否举例说明？

朱简：这三个平台各有优势，事实上用户的时间也正在被这三个主流平台瓜分，尤其是抖音。对内容创作者来说，都需要去积极布局。

因为我们现在主要内容的表现形式还是长图文，所以目前选择的平台，还是以微信、微博和头条这些平台为主，我们正在筹备制作短视频，但不是以真人录像的形式为主的，会以动画形式为主。

9.6 腾讯公益

项目介绍

腾讯"99公益日"推出的《"小朋友"画廊》H5在2017年取得的效果非常好，不仅实现朋友圈刷屏，而且在很短的时间筹集到了所需资金，是2017年唯一的一个公益刷屏案例。最关键的是，这个H5没有投放任何资源，完全靠UGC推动。

人物介绍

王慧，腾讯集团市场与公关部品牌经理，2017年"99公益日"市场PM（(Project Manager，项目经理）；

岳苑，腾讯集团市场与公关部品牌经理，2017年"99公益日""小朋友"画廊项目主要负责人。

独家对话

1. 腾讯"99公益日"的"小朋友"画廊作为2017年的刷屏案例非常成功，针对这件事，你们自己是怎么评价的？刷屏之后，案例也引发了一些质疑，比如善款的用途等，请问你们怎么看这种"剧情反转"？

回答：我们欣喜地看到公益在互联网的力量下，让更多人低门槛参与进来。但这种巨大能量也产生了我们最初始料未及的一些问题。

在"小朋友"画廊筹款结束的那一刻，我们面临一个选择，就是筹款快要达到上限的时候，不断地有用户给跟我们反馈说："请把捐款上限打开，我要捐钱，我要支持这个项目，我要去买小朋友的画。你们平台就是做筹款的，多筹点钱不好吗？不要把它关闭。"

虽然听到了外面的这种渴望，但是我们团队在评估后，最终做出了不取消捐款上限的决定。即便这个H5很火爆，即便很多人想支持，支撑这个决定的，其实是腾讯公益这十年的积淀，以及我们对整个公益生态的一个预判——那就是对于公益生态来讲，我们是希望它们以一个适度的规模，以健康和可持续状态地发展下去，而不是看短期的数字和吸引眼球的做法。

在这个项目中，我们能够深切地感受到用户的支持背后也是一份沉甸甸的期待。对于我们平台来说，项目能不能执行好，反馈好不好，才是公益的一个重要衡量标准。

所以在这里，我们认为，当让我们欣喜的力量变大，我们不仅要有敬畏之心。也要有克制的能力，能够看向更远的地方，能够更关注公益生态如何健康、可持续地发展下去，同时也呵护好每个用户的善念和对于我们的信任。

2. 你们内部肯定做了总结，比如580万人参与，1 500万元善款目标轻松突破，请问你们还做了哪些维度的数据评估呢？能否详细做个说明？

回答：6小时内，项目完全靠UGC自传播，"小朋友"画廊H5获得超过580万人次捐款，总募款1 300万元左右。这个H5没有做任何的渠道投放，比预期上线时间（2017年8月29日）要早一天，是因为项目合作方的一个同事发到朋友圈做测试，没想到却意外引爆了，项目原本是打算和上海南京东路步行街的实体画廊同步上线的。

3. 我知道，腾讯"99公益日"实际做了好几年了，我也是自媒体，曾帮助其他公益机构参与了其在"99公益日"项目的推广，老实说，效果一般。那么多项目，为什么"小朋友"画廊能刷屏？

回答：最重要的原因是"内容"，得益于"小朋友"画廊背后的WABC公益组织长达8年的踏实耕耘，通过艺术疗育的方式让这些"小朋友"创作出了精彩绝伦的作品。正是这些令人惊叹的作品获得了大众的认可和尊重，大家才会自发的捐助和转发。

4. 能否简单介绍一下，这个项目从立项到制定推广策略以及制作H5素材，整个过程经历了一个怎样的流程呢？

回答：我们最开始的定位是在小朋友身上，但后来通过接触我们发现很多当年的小朋友现在已经长大成人，但我们仍然不难发现在这些成人的画作里，依然有着孩童一般的天真想象与美的捕捉能力，而他们这些人，也依然渴望着被世界关注。所以，"我的心里住了一个小朋友"的想法初具雏形。

其实我们制作H5的程序很简单，仅仅是为大家做了展示，让大家看到特殊"小朋友"的作品，并让大家通过低门槛的方式参与到公益中来。所以我们认为，刷屏的功劳属于可爱的创作者们以及坚持公益项目的WABC无障碍艺途的公益人们。

5. 从实际操作这个案例来看，你们认为，能够刷屏的关键因素有哪些？

回答：

（1）极具视觉冲击力和感染力的社交货币。这里指的是"小朋友们"的作品和他们真挚的介绍或感谢语音。

（2）极简的流程和用户体验。整个体验流程上我们几乎把所有能删掉的多余信息和操作全部删掉了，为了确保用户体验简单和流畅，让用户很轻松能完成整个参与过程。这其中也包括了背后技术的支撑因素，如压缩每个图片的大小和提升下载速度等方面保证了用户的访问效率。

（3）一元参与的低门槛和"屏保"。作为公益募款项目，大部分项目是希望能尽可能达到筹款目标的，也更希望参与的个人捐助的越多越好。但这个项目我们从一开始就明确了"以募集认知"为第一目标。我们不要求参与的用户捐很多，只需捐助1元来为这群"小朋友"助力。

6.慈善项目的推广，在朋友圈具有天然的优势，大叔的刷屏理论里，总结了7个用户参与刷屏的动力，其中，优越感、参与感和认同感，都是非常重要的，你认为"小朋友"画廊项目的成功刷屏，给其他慈善项目，提供了哪些可以借鉴的地方呢？

回答：我们认为"小朋友"画廊项目给其他慈善项目最好的借鉴，当属其推崇的"传递美好价值"的理念。让更多慈善项目看到通过"真善美"的传播方式也能够达成传播和募捐目的，以往我们有太多通过展现"苦穷惨"的现状来传播公益的案例，新的时代我们需要更多正能量。

7.大叔认为，刷屏不是营造一种感觉和圈内人员的自娱自乐，而是品牌获取免费巨大社交流量的手段，也是赢取用户口碑和获取认同感的最佳方式，你怎么看待刷屏（社交媒体）对慈善行业的价值？

回答：我们认为刷屏只是一种手段，用这种正向积极的手段将公益带到大家身边，是一件好事。像国外的冰桶挑战，很多明星也在参与，让更多人关注到了渐冻人这个罕见群体。

其背后价值，我们认为可以分为两个层面：

（1）更多人群的关注才能积聚更多力量参与公益，公益人再努力，个人的力量是有限的。很多公益项目需要更多社会大众的参与，而关注公益就是第一步。放眼未来，我们希望"公益即生活"的理念能真正走进大家的生活，成为一种生活方式。

（2）更多的关注意味着公众更多的监督，这就反过来要求公益组织更有效、更踏实地做好项目，同时也应该将公益资金的流向透明地呈现出来，让公众可追踪，让项目有回声。

8.腾讯公益怎么能促使像"小朋友"画廊这样的公益项目在2018年"99公益日"继续刷屏呢？可以说说你们现在做了哪些准备吗？

回答：2018年，我们也会继续在"行为公益"和"信任透明"上发力，通过各种有趣创意的互动模式让更多人关注"99公益日"。说实话，我们也不能保证新项目能继续刷屏。

但对于"99公益日"，我们希望它成为"全民公益日"，就像"父亲节""母亲节"一样，让大家在这个既定的日子里去做一件有意义的事情。我们希望公益日的能量能够渗透到生活的每一天。在"99公益日"，我们能与公益项目、公益机构和公众一起进行互动，其实这就很好了。

9.我知道"小朋友"画廊项目是由"WABC无障碍艺途公益机构"和"腾讯公益"联合出品的，如果其他公益机构也想参与进来，有什么方式和途径吗？

回答：可以直接联系腾讯公益团队或者集团市场与公关团队，大家共同发掘一下好的公益项目展示给大家。

9.7 京东金融

项目介绍

2017年9月，京东金融推出了一个视频广告《你不必成功》，视频中的很多场景都反映出年轻人面对生活的不堪与重负，而视频中的文案用

"你不必……"的句式为的是让年轻人解压,视频很快形成刷屏,引发无数讨论。

人物介绍

李威,京东金融社会化传播负责人,《你不必成功》项目负责人。

独家对话

1. 京东金融在 2017 年推出的《你不必成功》视频刷屏了,针对这件事,你们自己是怎么评价的?

李威:这次推广的确走出了行业圈子,走到了普通大众人群当中。从这个角度来讲,视频是非常成功的。

2. 你们内部肯定做了总结,请问你们做了哪些维度的数据评估呢?能否详细说明一下?

李威:最重要的一个数据,就是实现一次到达的成本,是行业常规标准的百分之一,甚至更少。换句话说,这次传播帮助公司节省了很多钱。

视频曝光 9 800 多万次,总点击量 1 260 万次,约有 5 007 个公众号自发地发布了相关内容。而"你不必成功"也成了热点话题,有不少人在朋友圈用这个句式造句,不过数量无法统计。

3. 大叔的刷屏方法论,特别强调"目标、路径与反复测试"的重要性,即任何一个刷屏案例,品牌主都应该想清楚刷屏的目标是什么?请问,京东金融当时拍这个视频的背景是什么?你们的目标是什么?最终通过刷屏实现了吗?

李威:当时我们想推一个产品叫作小金库,虽然不算是新产品,但也从来没有借助推广在市场上亮过相。首次亮相,唯一的目标就是提高其知名度,我们想让小金库广为人知,有了知名度之后,再谈其他的事情。

最终从传播量上来看超出了预期，但传播准确度上和预想不完全一样，有一半的用户其实记住的是京东金融，另一半才是知道了小金库的用户。这个数据从何而来？为什么会有这个结果？因为传播量的基数足够大，所以肯定是完成了项目的既定目标，并且也在品牌角度帮助我们的母品牌京东金融加了一下温。

4. 为什么会选择一个"反心灵鸡汤"式的、略低迷的角度去讲故事？蚂蚁金融后来做了类似的事，就失败了。你们没担心过风险吗？

李威：我们有一个基本的考虑，就是小金库的用户中男性用户居多，说它是"男人的小金库"也不为过，这个定位在指导了项目整个传播过程。既然目标人群是广大男性，那么这个群体中的第一情绪，大概就是压力，"你不必成功"的主题就很自然地找到了。

我们特别想纠正一点，这个角度其实一点都不低迷，反而非常积极和励志，明白的人自然会明白，只是他们很忙，不会经常在网上出现。排除掉工作因素，主创团队环时互动的伙伴们也都是信奉自己所说的话的。

制定传播内容和做电影一样，是一个编剧的过程，我们在出发点上不会违背这个时代的心理基调，也不会挑战大众共识和主流价值观。所以我们没有担心风险，风险全部都在预估范围之内。

5. 从实际操作这个案例来看，你们认为，能够刷屏的关键因素在哪儿？大叔有一个刷屏理论是预埋"吐槽点"，即任何传播应该预埋给用户"吐槽"的点，这是你们的想法吗？

李威：不完全是。我们更关注集体心理，即找到1亿人的公约数。并且在大方向上关注细节和小洞察点，既可以击中所有目标客群，又能让每位目标用户都觉得这是说给自己的。

6. 网友认为你们第一波刷屏是因为文案"扎心"，第二波刷屏则是质疑。你们怎么看这种争议？似乎这种争议经过讨论之后，反而让这件事更火了，是这样吗？

李威：我们觉得普通网友的质疑可以理解，毕竟大家看电影都喜欢看大团圆的，更不用说广告了。但有些从业人员和自媒体的质疑，动机就不太单纯了，他们是在消费这一波话题，好让自己的推文多点阅读量。他们其实不光质疑这次传播，他们质疑一切在网上曾经获得广泛关注的事情。甚至在一些社会事件之后，一窝蜂围上去。说实在的我本人不太在意这些人的质疑。实际上网上一直有普通网友在不断地用这些内容来发微博，我们更珍惜这些普通网友。

7. 我看到有一种观点认为，这个视频很精彩，但似乎和京东金融的业务没什么关系。这是为了社会化传播故意把品牌植入程度降到最低吗？还是有其他原因？还有一种观点，认为这个视频描述的用户，与京东金融的目标受众非常一致，所以很成功，你怎么看？

李威：京东业务的植入确实比较软性。在社交媒体传播的时代，这是必须要接受的代价，不是我们故意降低的。视频所描述的人群，和产品的目标受众一致，这是我们前期制定方向的时候特别看重的方面，也是这次传播该做的分内的事，有效果是应该的。

8. 大叔的刷屏套路里有一项叫"素材刷屏"，实际上，视频刷屏在素材刷屏里的比重非常高，每年拍一个品牌层面的视频，会是京东金融的必修课吗？为什么选择视频？你认为视频刷屏的关键在哪里？

李威：我们也想每年都能拍成一个有广泛影响力的视频，但不是必修课，而是看实际业务需求，不会为了传播而传播。选择视频是因为现在的媒介潮流就是如此，手机屏幕足够大，电量足够多，流量价格也便宜了，短视频平台也很多，人们已经养成了看短视频的习惯。视频刷屏的关键点，就是像上面说到的，能否抓准集体心理，在此基础上，其他技术性细节都是加分项。

9. 在渠道选择上，这个视频在新媒体的推广路径和量级是怎样做的？能否具体说明？

李威：传播路径还是从"官微"开始，依靠微博和微信逐渐扩散，预算量级不算很大，主要还是靠自发传播，自发传播数量是付费渠道传播数量的上千倍。基本上在 48 小时之后，视频内容的流传就完全冲破了我们预设的路径，从点到线再到面，开始在用户中自由扩散。

10. 大叔认为，刷屏不是营造一种感觉和圈内人员的自娱自乐，而是品牌获取免费巨大社交流量的手段，也是品牌赢取用户口碑和获取认同感的最佳方式，你怎么看待刷屏的价值？

李威：很多人都质疑商业传播中的刷屏案例，觉得大部分刷屏偏离产品、转化率低、争议很多，但能为品牌获取免费的巨大社交流量，本身是非常不容易的，也是非常有建设性意义的。哪怕不能在第一时间带来销售，也会在更长的周期内，带来无法估量的回报，这些都是数字和报表无法体现的。所以在有机会能做到刷屏的时候，就果断去做，一个品牌能刷屏的机会并不是很多。请大家记住一条铁律："流量 = 钱"。

9.8 招商银行信用卡

项目介绍

2017 年 11 月 1 日，一则名为《世界再大，大不过一盘番茄炒蛋》的视频在朋友圈刷屏了。短短四分钟的视频，展示了一位身在异国的留学生因为不会做番茄炒蛋而用微信远程询问自己的母亲，母亲为了孩子能学会，直接拍摄了一个视频。直到视频的最后，孩子才恍然意识到，自己与母亲有时差，虽然自己这里是中午，母亲那里却是凌晨，母亲是半夜在教自己做番茄炒蛋。这个视频一时间感动了许多人，但同时关于视频中的教育方式以及种种相关问题也激起了很多讨论，形成一波又一波的刷屏。

人物介绍

"番茄炒蛋案例制作团队",即招商银行(简称招行)信用卡品牌团队。

独家对话

1. 招行信用卡2017年"番茄炒蛋"视频的刷屏案例非常成功,针对这件事,你们自己是怎么评价的?你们有预想到这个事会刷屏吗?

招行信用卡品牌团队:首先感谢大家对"番茄炒蛋"的喜爱。我们看到,一方面大众在刷屏,刷的是剧情、是感动;一方面广告行业圈里的人在刷屏,刷的是这居然是一家银行信用卡的作品,要知道金融的行业属性注定传播很难"出位"。无论是哪种刷屏,我们都是高兴的,一方面我们打动了很多人,对我们的品牌是一次大规模的了解和情感共鸣;另一方面也让很多人看到了,我们跳出了传统银行的传播思路,让大家耳目一新。

对于这两种刷屏,我们都可以用一句话来形容"情理之中,意料之外"。因为我们知道这次刷屏不是一次偶然,是我们坚持和实践的结果,我们一直在坚持做两件事:读懂人和拥抱科技,也就是精准洞察人心、找到共鸣点,以及运用符合当下传播规律的传播手段,这两个坚持让我们的作品有了刷屏的可能。

至于是否预想到刷屏,我们有过预期,但说实话还是超出了我的预期,所以我们内部也做过很多复盘。我想,刷屏的那一刻,是每个品牌人最美妙的时刻。

2. 你们内部肯定做了总结,请问你们做了哪些维度的数据评估呢?能否详细说明一下?

招行信用卡品牌团队:2017年11月1日,视频上线当日,留学信用卡当日申请量是平日3.8倍,促动获客成效明显。2017年11月1~3日招商银行信用卡百度指数大幅提升。经媒体公司估算,《世界再大,大不过一盘番茄炒蛋》为招商银行信用卡赢得逾5亿元价值的媒体曝光。

我们以极低的微信朋友圈广告投放金额，获得近800万次视频播放，近50万人次朋友圈转发，出现朋友圈刷屏现象，微信订阅号"招行微刊"单帖阅读量突破560万次。

上线后，"番茄炒蛋"事件登录百度风云榜实时热点第1名，微博热搜第7名，相关话题阅读量突破1.5亿次，相关讨论超过1 000万条。上百家媒体主动报道，上线后3天内产生正面新闻近1 700条。留学垂直媒体、群组主动转发，口碑不断扩散。京东、支付宝、伊利等数十家知名品牌借势营销。

后来，"番茄炒蛋"陆续入选多家行业媒体年度案例，入选"刘润5分钟商学院经典案例"，入选"微信公开课2017年度十大经典案例"，被《广告人》杂志专题报道。并获得了中国广告影视奥斯卡金狮奖"评审团大奖"、虎嗅新媒体营销"2017年度最佳故事奖"，得到了广告界和新媒体营销界的认可。

3. 大叔认为，刷屏不是一种感觉和圈内人员的自娱自乐，而是品牌获取免费巨大社交流量的手段，也是品牌赢取用户口碑和获取认同感的最佳方式，你怎么看待刷屏的价值？

招行信用卡品牌团队：移动互联网时代，人人皆媒体，传播很容易，但赢得用户注意力很不易。时间碎片化、消费者个性化、媒体多元化，同时玩转"自有媒体""购买媒体"和"赢得媒体"的案例可遇不可求。但"番茄炒蛋"做到了，它让观众产生认同感的同时并发自内心地感动，心甘情愿地分享、转发，当起了义务宣传员。怎么区分是自娱自乐还是真正的刷屏，看看是谁在刷屏就知道了，互联网时代，数据可以说明很多问题。

4. 大叔的刷屏方法论，特别强调"目标、路径与反复测试"的重要性，即任何一个刷屏案例，品牌主都应该想清楚刷屏的目标是什么？请问，你们当时做这件事的背景是什么？你们的目标是什么？最终通过刷屏实现了吗？

招行信用卡品牌团队："番茄炒蛋"这个创意的产生是基于卡产品——一张留学附属信用卡的营销,客群定位同时包括留学生父母和留学生本人。

我们观察到,随着社会的发展,2008~2018年海外留学人数逐渐攀升,2017年海外留学人数首次突破了60万大关,达到60.84万人,而留学信用卡市场也成为各家争抢的战场。但留学信用卡同质化产品严重,我们希望在卡产品上做出更贴合市场需求的差异化产品。

为此,招商银行信用卡深入洞察用户需求,精准把握留学市场两大主体的需求差异,于2017年10月26日推出留学信用卡(附卡),创新性面向"留学生家庭"提供留学金融服务,首创"1+1"亲情账户实现父母与子女之间"额度共享,灵活分配""独立积分,自主支配""统一还款,各自对账"等功能,满足父母与子女两方需求。

结合卡产品的特点,我们的传播目标就是将"1+1"亲情账户的差异化优势传达给受众,打造留学市场的网红产品。这是招商银行留学信用卡上市营销的重点和难点,我们希望通过和受众建立情感链接的方式实现目标。最后经过仔细论证,我们做出了一套整合营销方案,"番茄炒蛋"的情感视频是整套方案中引爆环节的重点。

虽然这次营销没有与销售一起捆绑,但从效果上看,对实际获客的促动很明显。视频上线当日,留学信用卡当日申请量是平日3.8倍。

5. 这张卡的功能,实际上在视频里没体现,你们是怎么考虑的?

招行信用卡品牌团队："番茄炒蛋"视频是留学信用卡整合营销的一部分,整个营销环节分为预热、上市、引爆、续热四个阶段,《世界再大,大不过一盘番茄炒蛋》情感微电影是引爆阶段的营销重点,目标就是从留学生家庭亲情角度出发,打动留学生及父母,引起广泛传播。而大家关心的产品功能的传播,我们还有配套的产品传播物料和精准渠道来完成。

6. 刷屏的目标不是促进销售,那是什么呢?

招行信用卡品牌团队：好的品牌传播可以让销售于无形，占领心智是最高目标。因为"番茄炒蛋"，招行信用卡已经成为留学生心中信用卡第一品牌，有口皆碑。因为"番茄炒蛋"，很多客户去网点申请直接说"我要办你们那张番茄炒蛋卡"，甚至很多国外的大学都在主动和我们联络合作。说句题外话，这还有利于我们的海外人才招募。

7. 从实际操作这个案例来看，你们认为这个视频能够刷屏的关键因素是什么？为什么？

招行信用卡品牌团队：真正的刷屏需要"天时地利人和"的共同作用，"番茄炒蛋"也是如此。关于"天时地利"，因为我们恰好告别了传统广告时代，新技术迭代为营销和传播打开新天地。而"人和"是团队持续不断地学习和改变，也是寻求与普通人之间的情感联结。这些共同作用让我们的作品具备了刷屏的可能性。

我说过我们的团队一直在坚持做两件事，第一件事是"读懂人"，精准地洞察人心，去提炼作品的创意角度；第二件事是"拥抱科技"，充分利用科技赋能的新媒体，提升传播效率。"读懂人"和"拥抱科技"看似是逻辑简单的方法论，但加在一起的影响力超乎想象。在开始执行之前，我们问了自己两个问题，第一是你的创意能不能打动人，能不能一戳即中，笑点泪点都好；第二是创意的形式是否符合社会化传播的游戏规则。

在创意落地之前，团队历时半年对目标客群进行大量调研以了解目标受众需求。通过发放 5 000 份调研问卷和对 50 位留学生、10 对留学生父母一对一访谈，精准定位了受众需求，并基于产品特性和用户洞察，提炼出"你的世界，大于全世界"这一产品调性。"你的世界，大于全世界"有两层含义：对留学生而言，他的未来充满无限可能性；对留学生父母而言，"我的身旁不及孩子的远方"，孩子比全世界重要。刻画了留学生家庭中的感情羁绊，与产品调性相辅相成。

最后的故事取材就来源于身边，是团队成员的真实故事，这是日常生活中父母做得最平常的一件事，也是无数父母的真实写照，具有代表性，代表着家的味道和亲情，增强了受众的带入感。

视频的形式并不新颖的，但它是当下时代的主流形式，我们选择这个形式之后，在里面装入怎样的内容非常重要，内容要能引起巨大的共鸣，我们才可能成功。用一个"走心"的视频，让每个人都能感受到，这样才能让受众心甘情愿的刷屏。

同时，移动互联的新技术，让"番茄炒蛋"等好的创意传播得更快、更远。如果这样传播是在5年前的传统广告时期发生，一定不会出现如此刷屏的情况。

8. 第一波传播是温情和感人刷屏，第二波传播时，大家的关注度放在了"吐槽"、质疑故事真实性甚至是"妈宝"这种社会现象，你们怎么看待这个视频引发的争议和"吐槽"？"妈宝"是你们预埋的"吐槽点"吗？似乎这次争议经过讨论之后，反而让这件事更火吗？你们怎么看？

招行信用卡品牌团队：实事求是地说，争议和"吐槽"不是我们期望看到的，但我们也不怕"被争议"。

人人都是自媒体的时代，人人都是舆论的制造机，任何事件出现两面性的评价都是正常的，争议和"吐槽"都不是我们预埋的，外部对番茄炒蛋的"批判"主要在展现了不健康的情感关系上，当子女初次离家国外求学之时，父母和子女都在经历人生最茫然无措的转折期，凌晨起床录视频不是宠溺，而是试图弥补空间造成的爱莫能助；忘记时差不是马虎，而是面对周遭环境剧变时本能地转向依赖。这实际上是真实展现了血肉之心的脆弱，每个为人父母的家长和曾有分别经历的子女都能够切身体会这种羁绊。

9. 大叔认为，金融类品牌做社会化营销，尤其是刷屏的成功率很低，因为金融品牌的首要目标是安全，给人可信赖的感觉，不能太活泼。你们怎么看待"可信赖"和"有趣"甚至"新潮"之间如何做到平衡？

招行信用卡品牌团队：银行业传播受较多约束，不能如互联网行业"随心所欲"，我们在制约中寻求突破，这在一定程度上也是为什么我们在"番茄炒蛋"等事件营销上把着眼点放在对平凡的普通人内心的观察和探索上，从大众的共鸣点出发。

我们认为，"新潮有趣"与"可信赖"并不冲突，可以同时兼备。以招行信用卡为例，年轻用户一直以来都是信用卡乃至整个互联网金融的核心受众，是最主要的新增用户来源，要想与年轻人打成一片，就要学会年轻人的沟通方式，让年轻人形成心智上的品牌认同，所以"新潮有趣"就是必不可少的。

另一方面，服务好和负责任也是重要的使命。打造最佳客户体验信用卡是招行信用卡未来的目标，我们将继续提升服务、负起责任，做客户信赖的品牌。

10. 信用卡的目标用户和用户习惯在发生巨大的变化，你们怎么看待和应对这种变化？新媒体营销又扮演一个什么角色呢？

招行信用卡品牌团队：现在年轻人开始成为这个世界的中坚力量，这个世界正在经历聚焦点快速切换的移动互联网时代。面对变化，招商银行信用卡早在几年前就开始将年轻人群作为重点客群培育，截至 2018 年 6 月，招商银行信用卡 5 000 万流通持卡客户中，有 70% 的 18~30 岁年轻客户，且我们还拥有 80% 的年轻客户存在于新获客户中。我们的客户中有这么高比例的年轻人，一定程度上是因为招商银行信用卡在锁定年轻客群之后，开始不断为自己注入年轻化的基因，用年轻人喜欢的方式与他们沟通，只有这样才能获得年轻人的青睐。我们在改变，而"改变"本身也是招行信用卡长期践行的三大企业价值观之一。

年轻人在哪里，招商银行信用卡就在哪里。

金融科技、无卡支付对应着用户日益移动端化的消费习惯；动漫、游戏、明星、各类品牌联合对应各类人群的爱好；饭票、影票满足用户吃喝玩乐的日常需求；公益活动填满用户的爱心等。

新媒体营销是市场传播的一个重要的手段，传递我们的思想、观点，这是时代所驱，早已成为我们日常传播的一个常态。通过新媒体营销，让我们的品牌看起来更年轻化，更顺应时代特征，也会让更多人了解和知道招商银行信用卡是具有互联网气质的，是有爱、有温度的。

11. 你们现在在新媒体营销的投入占整个营销的比例是多少？微信生态的传播占新媒体营销的比例的多少？怎么给新媒体营销制定 KPI？

招行信用卡品牌团队：新媒体营销是我们营销和传播的重点，因为大多数人每天都在移动端和网络上消耗大量时间，应用新媒体的传播能够让大多数人看到。但除了线上的新媒体传播，线下传播对我们同样重要，商圈、餐馆、影院等众多的线下消费场景都是我们要重点布局的。

无论选择线上还是线下，背后的逻辑是相同的，"用户在哪里，我们就去哪里"，跟用户的连接非常重要，关注用户需求，洞察用户体验，才能真正达到营销的效果。

9.9 三联生活周刊

项目介绍

2018 年上半年，有 3 个刷屏案例，令大叔印象深刻，分别是网易开年大课海报刷屏、《三联生活周刊》"悦听卡"海报刷屏、新世相营销课刷屏，这三个案例的底层套路基本一致，借助分销模式做知识付费，让每一位用户成为付费者的同时，又成为传播者。虽然"二级分销"模式在知识付费这个领域被封杀了，但借助用户裂变实现刷屏，这种用户运营的思路，如果能够和公关传播结合，将会给刷屏带来更多的可能性。

大叔邀请到了《三联生活周刊》"悦听卡"案例的操盘手，运营深度精选创始人鉴锋来对整个项目做一个复盘。大叔特别提醒你重点关注"用户裂变"这个关键词，因为这是刷屏的关键，而运营深度精选为了实现"裂变"，在路径设计、引爆推广和社群运营等几个方面做了很多工作。

人物介绍

鉴锋，运营深度精选创始人。擅长微信生态的用户裂变营销；长期为腾讯科技、网易云课堂、知乎、喜马拉雅、三联生活周刊、沪江网校等一线知识付费平台提供用户裂变营销服务。

以往操盘案例：零预算推广小程序"趣拍卖"，4小时PV破百万；零推广费用，成功策划多次PV破百万的病毒传播H5；营销"网易戏精课""三联周刊会员卡"创造知识付费行业营销刷屏记录；"运营深度精选"冷启动：零预算1个月从0到5万用户、搭建23个城市分社。

独家对话

1. 能否先简单介绍一下这个案例呢？

鉴锋：2018年2月22日，农历新年开工第一天，《三联生活周刊》联合中读APP推出"三联中读悦听年卡活动"。为读者提供10年（包括2018年全年）的《三联生活周刊》电子版，与365天每天1个大咖音频、精选小课。该年卡原价368元，而以68元的超低价格销售，"真金白银"地体现出了诚意，活动也成功刷屏了。

原本这个活动计划持续七天，但是在朋友圈的分享一拉开，迅速涌入的访问人群，很快就"挤爆"了后台服务器，《三联生活周刊》不得不在第二天中午紧急关闭购买渠道。活动当天，"三联生活周刊"微信指数，比平时增长了564.57%。

2. 你们做的网易云课堂和《三联生活周刊》的知识付费案例很棒，我也看到您总结了。"分销 + 微信实时到账"的方式在冷启动时很有效，但在之后的裂变靠的是认同感，你们自己总结这两个案例成功的原因是什么？

鉴锋：这两个案例有两个共同点：

（1）分销收入的实时到账。以前我们有一个认知差异，以为 80% 的人都知道分销，但事实是在普通用户中，80% 的人都不知道分销怎么参与。以前所有知识付费平台都没实现这种功能，我们发明了这个功能，调动了全民参与感。

（2）在垂直人群当中引爆，垂直人群的密集性高、相互之间的好友重叠度高。很容易引起人员间的跟风传播。

3. 我看了你们制作海报的逻辑，第一张海报是建立信任，第二张海报是激发欲望，第三张海报是促成交易。活动原价 368 元，现价 68 元，这是你们的提议吗？

鉴锋：我们长期测试得出 19 元、39 元的付费率是 25% 以上，69 元的付费率是 20% 左右，99 元的付费率是 15% 左右，199 元的付费率是 10% 以下。

4. 我把优越感、认同感和趋利性都归纳为用户参与刷屏的 3 个动力，你怎么看这三者在"知识分销"分别承担的作用？

鉴锋：用户发朋友圈最大的动力是向朋友或他人炫耀自己独特、优越感的一面，或借助外界标签来标榜自己，让别人更懂自己（认同感）。所以这也是网易和《三联生活周刊》能刷屏的原因，而不是随便找个讲师来开课就能刷屏的。因为这两个的品牌势能及标签认知度足够高。分销这个功能在这里是一个放大器，纯趋利行为只能在小圈子里提高付费转化率。

5. 如果不是网易和《三联生活周刊》这种大品牌，你觉得一样的模型，用在其它案例的成功率有多高？

答：我们用这个模型去宣传过普通的课程，可以把付费人数、付费率翻几倍，但不能实现刷屏。这个模型本质是"以老带新"的运营手段。

6.如果没有趋利性，即你所说的"冷启动"没了，活动还能成功吗？你怎么看"趋利性"在刷屏中的价值？

鉴锋：冷启动可以靠"情怀""人情"启动，我们平时卖课也经常这么做，而且付费转化率也不错，但是这种就是纯靠渠道的力量去推广而已，80%的普通用户并没有参与进来，"天下攘攘皆为利往"，没有"趋利性"，绝大部分用户是不会帮你传播的。

7.趋利性看似很容易，但好像只有你们运用得比较成功，有什么窍门吗？

鉴锋：就是第一点和第三点的组合，形成的乘法效应。

8.纵观整个案例，你对社群运营有何经验可以分享吗？

鉴锋：春节后回来上班，用户基本都处于"工作+学习"的展望状态。为了赶这段黄金宣传期，从活动策划到上线，只有3周时间，期间跨越了1周的春节放假时间。活动页面的开发、测试，详情页和海报的设计时间都很紧张。《三联生活周刊》的技术团队、双方的运营人员都是在春节期间加班加点高强度赶工，一直到活动当天凌晨才准备就绪。

关于活动期间的社群运营、我有7点很重要的经验分享：

（1）因为1个微信号1天只能扫码进10个微信群，所以建社群需要提前，我们是提前7天陆续建好了200个群。

（2）微信群"鱼龙混杂"，负面信息很容易发酵。在人手充足的情况下，每个群最好有1~2个"群众演员"，在必要的时刻，以用户的角色引导群内舆论走向。

（3）社群运营的同学最好是以"女生"的身份在群里维护，并且把用户当"心肝宝贝"捧着,很少有人对可爱、乖巧的女孩子是抗拒的。

(4)可以设计志愿者福利,招募群内积极主动的用户成为志愿者,帮你共同维护群内秩序;同时因为志愿者也是用户,和其他用户更能产生共情的感觉。

(5)活动引爆后,人力跟不上时,可以暂时把群规改成禁言,引导用户不要发言,以免错过重要通知。

(6)必要时,可以增加额外的福利作为用户体验糟糕的补偿,但需要注意:补偿必须得是有价值的,能延缓解决问题的,不能敷衍用户。

(7)"没有任何一条道路可以通往真诚,真诚本身才是通往一切的路"。只要你给用户提供了真真切切的价值,用户是能感知到你的用心的。

9. 这次刷屏,有什么故事(或者事故)可以分享吗?

鉴锋:由于我们低估了《三联生活周刊》的品牌势能,以及读者们对它的价值观的高度认同感,错判了流量峰值,导致系统承接不住流量,出现一些运营事故。

(1)因为服务器拥堵,新用户流量访问不了,导致不能更快速度、更大范围传播。在朋友圈呈现的不是密集连续不断地刷屏,而是断断续续、隔几个人一张海报的传播。但也因此没有被微信封禁,算是因祸得福。

(2)因为系统数据拥堵,导致微信服务号的奖励金模板消息、微信支付的实时到账消息不能随用户的推广即时反馈数据(数据记录没有出错),很大程度降低了用户传播的积极性。

(3)为了实现用户的推广奖金实时到账这一功能,得提前把钱预充值进微信企业账户。活动的提前引爆,导致预充金额晚上消耗完了,对公账户晚上不开放。等第二天上午充值了之后才打到用户账上,一定程度降低了用户的积极性。

对此，《三联生活周刊》的运营人员一起给出了用户补偿方案：给参与活动的用户，会员权限在原先期限的基础上延长一个月。

面对 600 多个社群用户的连续 7 天 24 小时不间断提问，志愿者同学们毫无怨言，并且互相总结出社群运营的答疑册，而用户的热情与理解也着实让我们感动。

在这次活动中，"分销 + 微信实时到账"这个核心玩法在活动冷启动的时候起到了巨大的推动作用。但传播开始以后，《三联生活周刊》的很多用户并不在乎这些分销收入，而因为喜爱品牌支持品牌才转发活动信息的。

其中社群里很多用户讨论分销收入这个功能时，更多是一种"社交货币"因素在驱动，炫耀自己赚了多少钱。这代表自己的影响力大，以至于有用户说：看这么多人说赚了几千元而自己只赚了几十元，要反思一下自己的圈子了（《三联生活周刊》的用户标签："中产""高知识分子"），而并不是真正在乎赚取多少钱。

10. 本书有一个观点是，刷屏是可以复制的，你怎么看？

鉴锋："好的创意是可以复用的"，而运营深度精选一直恪守的使命就是，给大家提供可复用的运营套路。

9.10 ofo小黄车

项目介绍

"小黄车与小黄人"跨界合作的案例，大叔认为它是 2017 年中国品牌营销案例中做得最成功的一个刷屏案例。其最成功的地方在于品牌通过一次电影的合作宣传，四两拨千斤地使 ofo 小黄车的知名度得到了极大提升。虽然刷屏可以极大提升品牌知名度和美誉度，但企业基业长青的核心是业务稳定,而不是只依靠营销。

人物介绍

李泽堃,ofo小黄车品牌总监,亲自操盘了"小黄车和小黄人"合作案例。

独家对话

1. "小黄车和小黄人"跨界合作的刷屏案例非常成功,几乎所有人都认为这两者能在一起合作实在是太完美了。针对这件事,你们自己是怎么评价的?

李泽堃:我们内部认为,这是一次基因级的营销事件,两者可谓是天作之合。小黄车和小黄人,都有黄色的基因,产品特性契合度很好,这两个IP放在一起的时候,就能获得巨大的关注量。我觉得选择合作方是最重要的,人们常说"选择比努力更重要",当然,为了这个"选择",我们付出了很多,比如提前半年我们就开始着手做项目规划,联系环球影业公司,花了大量的时间和他们进行谈判。我们内部团队对这个项目能够取得成功最满意的点就在于这个"选择"。

2. 你们内部肯定做了总结,请问你们做了哪些维度的数据评估呢?能否详细说明一下?

李泽堃:我们创造了很多的第一次,如它是"共享单车行业内首个国际化IP合作案例"。这次合作强化了ofo小黄车全新的品牌形象和地位,形成了品牌沉淀资产。黄色DNA带来的超强品牌契合度快速抢占了用户心智,帮助ofo实现了品牌差异化战略。

我们得到的具体数据是,官方微博粉丝增长5.8万人,话题阅读量突破10亿次,话题讨论量近60万次。《小黄人生产车间》PV突破212万次,微信朋友圈出现9篇"10万+"阅读量的文章,环球公司定制的TVC(商业电视广告)播放量超过3千万次,自主播放量259万次,点赞数量2

万次。媒体广告投放曝光量破 10 亿次，总 PV 接近 900 万次，UV 近 778 万次，引发大量"自来水"（自发加入的网络话题参与者）关注。运营活动对订单拉升效果明显，ofo 平台日均订单突破 1 500 万单，最高值达到 1 755.9 万单。

3. 这是一次品牌跨界合作实现的刷屏事件，大叔的刷屏方法论里特别强调"目标、路径与反复测试"的重要性，即任何一个刷屏案例，品牌主都应该想清楚刷屏的目标是什么。请问，ofo 品牌当时做这件事的背景是什么？你们的目标是什么？最终通过刷屏实现了吗？

李泽堃：项目的目标不是刷屏本身，而是希望将用户对小黄人的 IP 好感度附着到 ofo 上，从而让大家更喜欢 ofo 这个品牌。我们需要更多的市场份额和用户数量，需要不断抢夺使用"其他颜色单车"的用户的注意力，给黄色增加 IP 效应和好感度，所以想到了与小黄人这个 IP 展开合作。

事实上，我们也达成了预定目标，大家对小黄车品牌的好感度有了巨大提升，刷屏就成了其中的一种呈现形式。

4. 从实际操作案例的过程来看，你们认为项目够刷屏的关键因素是什么？

李泽堃：刷屏的核心点在于找到一个杠杆，如果找不到杠杆，就像一拳打到沙子里，没有任何力量。只要杠杆选得好，稍微用一点力气，就会撬动非常大的传播力。所以说，是否能找到双方都完美的结合点非常关键，这个点必须是可以直达用户心底的，这样才会获得非常大的传播效应。这个项目的杠杆就是找到 ofo 品牌和小黄人 IP 颜色的结合点。

5. 能否详细解释一下你的"杠杆理论"？

李泽堃："杠杆理论"最核心的价值，在于找到最容易引爆的点。只要找到了这个点，轻轻地使一点力就会产生巨大的效能。具体而言，杠杆需要符合三个特征：

（1）最高频的露出和使用

杠杆一定是在最高频的节点去进行创造和发力。如果是低频节点，那意味着它很难成为杠杆。

（2）杠杆必须要贴近核心的产品体验

如果我们做的大量的创意与共享单车产品没有关系，那它一定不是杠杆。

（3）在杠杆上加上溢价

溢价的价值是在杠杆上放更多的筹码，让这个杠杆能撬动更大的力量，引发范围更广的传播。

6. 其实和小黄人跨界合作的品牌挺多的，比如 vivo 和麦当劳，为什么和 ofo 的合作最成功？

答：其他品牌和小黄人的合作，在颜色的契合度上都不如我们高。在创新营销上，我们不单开展基础的合作，如与小黄人 IP 一起拍个广告片，我们是把小黄人 IP 的黄色融入车身设计中，以此为基础做了非常多相关的创意项目和活动，整个项目的复杂和整合程度远超其他品牌与小黄人的合作。在这个过程中，我们并没有支付小黄人 IP 的授权费，而更多的是以合作的方式，更全面、更立体地把小黄人 IP 用到极致。

7. 我看到，为了这次跨界合作，你们制作了非常多的物料，比如视频、H5、海报、明星资源、定制版自行车，甚至把 APP 的界面都修改了，可谓是全渠道营销，在当初制订推广计划的时候，您是怎么评估这种营销的规模感的？比如，渠道宣传到底够不够？最终活动能不能引爆市场？

答：小黄车的刷屏，成功点就在于我们将营销做到了极致，更立体、更整合地运作整个项目，整个公司在这个项目上投入了非常多的精力，我觉得这点非常重要。不只是品牌部门参与了，产品、技术、运营以及线上和线下非常多的部门都参与了进来。

我们的整个传播，分为三个部分：第一部分叫若干个创意内容，指品牌在做营销传播的时候，可能会做很多方向和形式的创意；第二部分是杠杆，整个事件的杠杆是小黄人跟 ofo 小黄车共同打造的联名定制车；第三部分是口碑。

当"创意和杠杆"出现问题时，这个事件就很难产生口碑，只有当"创意和杠杆"同时出现时，才可能产生大规模的用户口碑传播效应。在这个过程中，我发现了两个规律：第一个规律是传播范围的不同——"口碑＞杠杆＞创意内容"；另外一个规律是成本的排序不同——"口碑＜杠杆＜创意内容"。

创意内容的产出依靠的是辛勤的付出，杠杆则是靠思考和选择来解决，而对于口碑来说，只要你的产品足够好，自然而然会形成口碑传播效应。

8. 我看你曾提出过一个观点，即"让信息传递效率最大化是传播问题得以解决的根本"，具体应该怎么解释呢？

李泽堃：传播并不是单纯依靠创意来解决的，传播的本质是管理信息，如信息编码、渠道分发，我们的用户在另一端对信息进行解码、翻译后引起自身行为的变化。在纷繁复杂的传播环境里，信息传递的效率和准确度的高低对企业而言，意味着能节省多少预算，或者带来多少额外收益。

我认为，一句口号、一个标语不能体现品牌的价值，最重要的还是要抓住品牌的"超级符号"。比如优步的"一键呼叫"体系就是一个超级符号，ofo 小黄车跟小黄人 IP 合作也是一个超级符号。我们只要找到了超级符号，针对从用户端认知系统到整体关键信息思考链条进行策略化的思考，我相信一定会梳理出更高效、更精准的传播方式。

后　记

在36氪编辑找到我，希望我开设一个付费专栏，聊聊移动社媒时代的公关工作应该怎么做时，我们不约而同地把选题定在了"刷屏"上，因为这就是我们每天醒来后、吃饭、工作、聚会和入睡前，经常做的事。

花了2个多月的时间，我完成了"刷屏的18个方法论"的课程创作，不仅需要保证每周更新三篇干货，还得配上我富有磁性的声音，后来竟然有几个粉丝告诉我，她们是冲着我的声音而买我的专栏，我也是挺意外的。感谢36氪开氪栏目的张老师和都都。

这个线上专栏一经推出，有很多来自出版社的编辑来找我约稿出书，我与机械工业出版社的胡老师很早之前就认识，他也给了我很多中肯的意见，也就有了这的次合作。感谢他的付出！

网络传播讲究新鲜度，既然要出书，干货内容就得再"干"一些，以保障知识"储存"多年而依旧适用。为了挤出更多的水份，我几乎把之前已经完成的刷屏理论再次打破、归零，重新去探究刷屏最底层的传播逻辑。与10多位全民级刷屏案例幕后操盘手的深度交流，给了我很多启发。感谢为本书贡献智慧的朋友们。

当然，书在创作的过程中，就有很多新的刷屏事件发生，我在写书的同时，还要紧盯热点更新自媒体，比如我亲眼见证了抖音的一跃而起。

这本书写完，留给我两个小小的遗憾：

第一，新的刷屏案例几乎每天都有，请原谅我没办法都囊括在内并逐一分析，比如"锦鲤"，从杨超越的照片刷爆朋友圈，到支付宝微博"中国锦鲤营销"引来无数效仿者，再到一篇"超级锦鲤"的自媒体爆文刷屏，锦鲤制造了至少三次刷屏，其底层逻辑包括趋利性、参与感、仪式感和吐槽点等诸多方法论。当然，刷屏不是"躺赢"的结果，是需要预算和理论相结合的。

大叔比较自信的是，这套刷屏理论应该可以解释每一个成功刷屏的案例，如果不能或是你有更准确的方法，请一定告诉我。具体方法是：扫描封面上的二维码，关注"万能的大叔"微信公众号，回复"大卖"，加入读者交流社群。

第二，按照内容的属性，刷屏可以分为正面（含中立）和负面。基于此，大叔认为，公关在移动社交媒体时代，有两个主要的任务：通过创意和共情正面刷屏；通过监测和沟通预防以及阻止负面刷屏。本书重点说的是正面刷屏，如果我有时间，最重要是这本书能大卖，下一本我会重点聊"刷屏下的危机公关"，作为甲方公关实操者和自媒体运营者，我还是挺有料的。

在读别人的著作时，看到很多作者写"本书献给我的家人"，我当时对此是不理解的，甚至觉得做作。但当我的第一本书即将出版时，才能领会到家人的重要性。

所以，我要感谢妻子对我的支持和鼓励，更感谢我妻子的父母对我们的细心照顾，还要感谢远在山西老家照顾我 83 岁外婆的父母。

最后，我想对谦谦说一句："爸爸爱你。"

霍世杰写于 2018 年 12 月 15 日飞机上

大叔推荐的20个自媒体

（排名不分先后）

虽然我的自媒体叫做"万能的大叔"，但大叔真的不是万能的。

"三人行，必有我师焉。"尤其是在公关、营销、品牌、社会化和传播等领域，传统的教育体系是远远落后于当下正在发生的事，所以，终身学习就变得非常重要。但自媒体和大咖又似乎太多了，大家很难识别。

所以，大叔在书的最后，重点介绍一些我的老师，他们每一位都专注于自己的专业领域，甚至是集一个团队之力在精心打造专业内容。

关注这20个自媒体，恭喜你，入圈了。

1
微信公众号：姐夫李

推荐语：30年老公关，拥有传统媒体和跨国公司双重视角。

2

微信公众号：陈勇营销专栏

推荐语：转化率提升专家，关注并回复 1，能获得月销量增长 13 倍的 27 页案例解析。

3

微信公众号：三表龙门阵

推荐语：互联网评论人，观点犀利，幽默风趣，颜值爆表。

4

微信公众号：深度运营精选

推荐语：专注用户增长，团队给腾讯、京东、网易、太保、三联等提供策划服务。

5

微信公众号：广告门

推荐语：一个行业的跌宕起伏，广告圈门户，必读。

6

微信公众号：赵圆圆

推荐语：男，广告圈网红，从奥美到淘宝，站在潮流的风口浪尖的人。

7

微信公众号：感觉要火学院

推荐语：营销做得好的公司，大多都上过他们家的营销课。

8

微信公众号：小马宋

推荐语：小马宋老师，营销圈网红，大叔有关营销知识都是跟着他学的。

9

微信公众号：微果酱

推荐语：新媒体的观察者，对微信营销的新动态更新很快，比大叔都快。

10

微信号：鸡血君

推荐语：美女，有非常多营销实战经验，创业黑马营营销创新模块导师。

11

微信公众号：数英网

推荐语：广告营销行业从业者离不开的工具，对大叔的投稿很挑剔。

12

微信公众号：营销新榜样

推荐语： 新榜旗下，每天发布当下热门的社会化营销案例，和大叔一样有深度。

13

微信公众号：见实

推荐语： 徐志斌老师的创业项目，《小群效应》《即时引爆》《社交红利》作者，每天一个社交前沿的最新案例深度专访。

14

微信号：关健明

推荐语：15万畅销书《爆款文案》作者，10万营销人社群创始人。

15

微信号：贺嘉

推荐语：长江商学院ceo班演讲教练，辅导1000+高管，关注回复"演讲"送99页演讲电子书。

16

微信公众号：扯氮集

推荐语： 魏武挥老师的自媒体，对传媒和互联网领域的点评非常犀利和到位，一更新就刷屏。

17

微信公众号：cmo 训练营

推荐语： 国内专业的社交型营销知识分享平台，拥有 70000+ 高级营销管理人员及专业 CMO 课程。

18

微信公众号：飞机稿

推荐语： 一万多个营销圈牛人正在关注的账号，大叔在社会化营销方面的老师。

19

微信公众号：首席品牌官

推荐语： 汇聚70万品牌爱好者，品牌学习、案例解析专业自媒体。

20

微信公众号：铸剑师 vic

推荐语： 从创投从业者的角度关注消费和文创行业，分享投融资资源和研究报告。